FERDINAND KIRCHHOF

Tätigkeitsfelder der Deutschen Bundespost

POSTBANK

Tübinger Schriften
zum Staats- und Verwaltungsrecht

Herausgegeben von

Wolfgang Graf Vitzthum

in Gemeinschaft mit

Martin Heckel, Ferdinand Kirchhof
Hans von Mangoldt, Thomas Oppermann
Günter Püttner

sämtlich in Tübingen

Band 10

Tätigkeitsfelder der Deutschen Bundespost POSTBANK

Von

Prof. Dr. Ferdinand Kirchhof

Duncker & Humblot · Berlin

CIP-Titelaufnahme der Deutschen Bibliothek

Kirchhof, Ferdinand:
Tätigkeitsfelder der Deutschen Bundespost POSTBANK /
von Ferdinand Kirchhof. – Berlin: Duncker u. Humblot,
1990
(Tübinger Schriften zum Staats- und Verwaltungsrecht;
Bd. 10)
ISBN 3-428-07057-7
NE: GT

Satz: TecDok März, Tübingen
Druck: Werner Hildebrand, Berlin 65
Printed in Germany

ISSN 0935-6061
ISBN 3-428-07057-7

Vorwort

Die Deutsche Bundespost POSTBANK nimmt für die Post den Postgiro- und den Postsparkassendienst wahr. Da das Bankenwesen in Transaktionen und Abrechnungsnetzen zunehmend internationalisiert wird, die Wirtschaft von den klassischen Formen der Anlage, den Sparkonten, auf neue, differenziertere Kapitalanlageformen übergeht und der Zahlungsverkehr immer mehr mit zusätzlichen finanziellen Serviceleistungen ausgestattet wird, hat sich der Markt im Sparkassen- und Girobereich in den letzten zwanzig Jahren grundlegend verändert.

Für die Deutsche Bundespost POSTBANK führt dies zu Überlegungen, ebenfalls diversifizierte oder zusätzliche Dienstleistungen anzubieten, um im geänderten Markt weiterhin bestehen und den rechtlich vorgegebenen Auftrag korrekt durchführen zu können. Da die Deutsche Bundespost POSTBANK nach Art. 87 I GG zur unmittelbaren Bundesverwaltung zählt, weil sie auf der anderen Seite durch das Postverfassungsgesetz von 1989 als Unternehmen organisiert ist und nach wirtschaftlichen Zielsetzungen tätig werden soll, stellt sich die Rechtsfrage, in welchen Bereichen und mit welchen Leistungsangeboten die Deutsche Bundespost POSTBANK zur Zeit tätig werden darf.

Die Abhandlung hat das Ziel zu klären, welche bisherigen und künftigen Angebote der POSTBANK rechtlich zulässig sind. Die Untersuchung konzentriert sich dabei auf das bisherige Angebot sowie auf neue Möglichkeiten, die von der POSTBANK entweder konkret ins Auge gefaßt oder als mittelfristig mögliche, neue Leistungen erwogen werden. Sie geht dabei von der bestehenden Verfassungs- und Gesetzeslage aus, ohne die Zulässigkeit von Tätigkeitsverschiebungen nach Gesetzesänderungen zu beurteilen.

Inhaltsverzeichnis

A. Leistungen der Deutschen Bundespost POSTBANK

I. Gegenwärtig angebotene Leistungen

1. Postsparkassendienst

a) Entwicklung[1]

Am 1.1.1939 übernahm die Post für das gesamte Deutsche Reich den bisher nur in Österreich betriebenen Postsparkassendienst. Da dieser Dienst sogleich reichsweit angeboten wurde, befanden sich bereits zu Kriegsende auf ca. 14 Millionen Postsparkonten etwa 7,5 Milliarden RM-Guthaben[2]. Bereits ab Mai 1945 wurde in der britischen und amerikanischen Zone wieder der Postsparkassendienst begonnen; die französische Zone folgte am 1.10.1946[3]. Zur Zeit der Währungsreform 1948 befanden sich schon auf 5,3 Millionen Konten etwa 2,7 Milliarden RM-Guthaben[4]. Seit 1967 darf die Post ihre Zinsen selbständig nach der Marktlage festlegen[5]. Die Anlagegelder aus dem Postsparkassendienst werden seit 1948 in großem Umfang zur Finanzierung posteigener Investitionen verwendet[6]. Die wirtschaftliche Bedeutung für die Eigenfinanzierung der Post ist immens; so stammten z.B. 43 % der Fremdmittel der Deutschen Bundespost zu Ende 1983 aus solchen Entnahmen[7]. 1990 erreichte die Deutsche Bundespost POSTBANK mit 22,4 Millionen Sparkonten, auf denen 40,9 Milliarden DM lagen, einen Marktanteil bei Sparanlagen von 5,7 % in der Bundesrepublik Deutschland[8].

---

[1] Ausführliche Darstellung bei *Hahn*, Die Postbank, 1978, S. 51 ff.

[2] *North*, Fünfzig Jahre Postsparkasse Deutschland, ZPF 2/1989, S. 41.

[3] *North*, a.a.O., S. 42.

[4] *North*, a.a.O., S. 44.

[5] *Schramm*, Das verzinsliche Einlagengeschäft der Deutschen Bundespost – wesentliche Leistungsergänzungen der neuen Postsparkassenordnung von 1968, Jahrbuch der Deutschen Bundespost 1986, S. 1, 47.

[6] *Walz*, Das Aktivgeschäft der Postbankdienste, Jahrbuch der Deutschen Bundespost 1985, S. 166, 170.

[7] *Walz*, a.a.O., S. 187.

[8] Capital 4/1990; ZPT 3/1990, S. 4.

b) Aktuelles Leistungsangebot

§ 2 der Postsparkassenordnung vom 24. April 1986[9] sieht als aktuelle Leistungsangebote des Postsparkassendienstes das Sparen mit Kündigungsfristen, mit wachsendem und festem Zins, das Ratensparen mit Prämie sowie das Sparen nach dem Vermögensbildungsgesetz vor. Diese Anlageformen sind Spareinlagen i.S.d. § 21 KWG; sie sind nicht befristet i.S.d. § 21 II S. 2 KWG[10]. Das in § 17 a der Postgiroordnung vom 5. Dezember 1984[11] genannte Auftragssparen ist kein eigenständiges Leistungsangebot der POSTBANK, sondern benennt nur den Dauerauftrag eines Postgiroteilnehmers zur monatlichen Überweisung auf ein Postsparkonto, der nicht auf einen bestimmten Betrag lautet, sondern vom jeweiligen Guthabenstand zum Zeitpunkt der Überweisung abhängt.

2. Postgirodienst

a) Entwicklung[12]

In den vorigen Jahrhunderten stand den Postverwaltungen allgemein das Privileg zu, Münzen und Banknoten in körperlicher Form zu transportieren[13]. Wegen des umständlichen Transportverfahrens, des erheblichen Zeitaufwandes für die Übermittlung, des hohen Gewichts beim Versand von Münzen und der Raub- und Verlustgefahr sann man frühzeitig auf Ersatzformen, die die körperlichen Transportvorgänge im monetären Verkehr vermeiden sollten[14]. Deshalb wurden schon im 18. Jahrhundert Vorschußverfahren eingeführt, die bei geringeren Summen eine Auszahlung von Geld vor Eintreffen der körperlich transportierten Geldmenge erlaubten[15]. In Preußen ging man seit April 1848 zu einem Bareinzahlungs- und Barauszahlungsverfahren über, dem sich 1865 das erste

---

[9] BGBl. I S. 626; geändert durch VO vom 22. März 1989, BGBl. I S. 546.

[10] Vgl. §§ 24 f. Postsparkassenordnung und die dazu ergangene Verwaltungsvorschrift; *Schramm*, Einlagengeschäfte, S. 49 ff.

[11] BGBl. I S. 1478, zuletzt geändert durch Verordnung vom 22. März 1989, BGBl. I S. 541.

[12] Ausführliche Darstellung bei *Hahn*, Die Postbank, 1978, S. 57 ff.

[13] *Hahn*, Die Postbank, 1978, S. 44.

[14] *Eidenmüller*, Post- und Fernmeldewesen, I. G 3.

[15] *Eidenmüller*, a.a.O.; *Hahn*, Die Postbank, 1978, S. 46.

Postanweisungsverfahren anschloß; diese Verfahrensart wurde von allen Mitgliedern des Deutsch-Österreichischen Postvereins übernommen[16].

Mit der Einführung des bargeldlosen Zahlungsverkehrs kam es wegen des lediglich lokalen oder regionalen Einzugsbereichs der Geschäftsbanken und infolge der nicht flächendeckenden Organisation der Reichsbankvertretungen zu Zahlungsengpässen, die sowohl die gewerbliche Wirtschaft[17] als auch die Reichsbank dazu veranlaßten, von der Post die Einrichtung eines Girodienstes zu fordern, denn diese Institution war reichsweit vertreten, verfügte über Postdienststellen an jedem Ort und war mit der Geldübermittlung bestens vertraut[18]. 1909 wurde der geforderte Postscheckverkehr im Gebiet des Deutschen Reiches aufgenommen[19] und in den folgenden Jahren zum Auslandszahlungsverkehr mit anderen Ländern ausgeweitet. Die privaten Girobankdienste haben sich erst durch Abkommen und Gebietserweiterungen in der zweiten Hälfte des 20. Jahrhunderts zu einem raumdeckenden, allerorts vertretenen Gironetz erweitert[20]. Wegen dieser Entwicklung wird in Postkreisen bestritten, daß sich die Post erst in die Girobankdienste gedrängt habe, nachdem dort schon ein lukratives Geschäft von den Privatbanken aufgenommen worden sei[21].

Nach dem Zusammenbruch des Gironetzes im Zweiten Weltkrieg wurde dieser Postdienst 1945 in der jeweiligen Zone wiederbelebt, 1947 zwischen den westlichen Besatzungszonen wieder eingeführt. 1976 trat die Deutsche Bundespost dem Euroscheck-System bei. Aus der Literatur geht hervor, daß der Beitritt der Bundespost zum Euroscheck-System auf Drängen des deutschen Kreditgewerbes erfolgte, nachdem zu diesem Zeitpunkt ein multilateraler Vertrag zwischen den Postverwaltungen über ein gesondertes Postschecksystem unterschriftsreif vorlag[22]. Seit Mitte der 70er Jahre ist die POSTBANK Mitglied in zahlreichen Vertragsnetzen, die für den bargeldlosen Zahlungsverkehr erforderlich sind,

---

16 *Eidenmüller*, a.a.O. und K.3.; *Hahn*, Die Postbank, S. 47.

17 *Herrmann*, Die Deutsche Bundespost, 1986, S. 193.

18 *Eidenmüller*, KWG, DÖV 1986, S. 408, 410 und 418; *ders.*, Post- und Fernmeldewesen, I. G 3.; *Franz Schneider*, Jahrbuch der Deutschen Bundespost 1987, S. 118.

19 Postscheckordnung v. 1908, RGBl. S. 587, aufgrund § 2 G zum 2. Nachtrag zum Reichshaushaltsetat für 1908 v. 18.5.1908. RGBl. S. 179.

20 *Hahn*, Die Postbank, 1978, S. 38.

21 Vgl. z.B. *Franz Schneider*, Jahrbuch der Deutschen Bundespost 1987, S. 124.

22 *Franz Schneider*, a.a.O., S. 171.

und als Gast im Zentralen Kreditausschuß vertreten[23]. Seit 1978 vermittelt die Bundespost als Kreditkarte die „Eurocard“[24]. 1984 wird der Postscheckdienst in „Postgirodienst“ umbenannt.

b) Aktuelles Leistungsangebot

Gliedert man die Angebote des Postgirodienstes in einer Gegenüberstellung von Ein- und Auszahlungen, so bietet die Deutsche Bundespost POSTBANK zur Zeit folgende Leistungen im Giroverkehr an: Einzahlungen können im Wege der Barzahlung nach § 21 Postgiroordnung, der Einlösung von Schecks[25] und der Einlösung von Euroschecks (auch fremder Bankinstitute) nach § 16 III Postgiroordnung erfolgen. Zur Auszahlung stehen Postscheck[26], Postüberweisung[27], Dauerauftrag[28], Lastschrift[29], Zahlungsanweisung zur Barauszahlung an Dritte oder zur Verrechnung[30], Euroscheck mit begrenzter Einlösungsgarantie[31], die Abhebung am Geldautomaten mit institutseigener Karte oder Euroscheckkarte[32], durch die bereits genannte Sonderform des Auftragssparens i.S.d. § 17 a Postgiroordnung sowie die bargeldlose Zahlung an einer POS (= Point Of Sale)-Kasse nach § 16 b Postgiroordnung zur Verfügung. Des weiteren erlaubt § 12 I Postgiroordnung eine Überziehung des Girokontos von zur Zeit 1000 DM bei einer „Glattstellungs“-Pflicht innerhalb von 28 Tagen; die Überziehungsfrist soll künftig bei Privatkonten auf ein Mehrfaches der monatlichen Zahlungseingänge ausgedehnt, die Ausgleichspflicht auf mehrere Monate erstreckt werden.

Zur Zeit befinden sich auf 4,7 Millionen Girokonten etwa 18,7 Milliarden DM Sichteinlagen[33]; die POSTBANK hält dadurch einen Markt-

---

[23] *Franz Schneider*, Jahrbuch der Deutschen Bundespost 1987, S. 113 und 115.

[24] *Franz Schneider*, a.a.O., S. 174.

[25] § 22 Postgiroordnung.

[26] § 15 I Postgiroordnung.

[27] § 14 Postgiroordnung.

[28] § 17 I Postgiroordnung.

[29] § 18 I Postgiroordnung.

[30] § 15 III und IV Postgiroordnung.

[31] § 16 I und III Postgiroordnung.

[32] §§ 16 IV und 16 a II Postgiroordnung.

[33] *Günter Schneider*, ZPT 3 / 1990, S. 4.

anteil im bundesdeutschen Bankensystem von 8 % der Konten und 12 % der Umsätze. Für die Fremdfinanzierung der Bundespost ist der Giroverkehr ohne Bedeutung, denn er hat fast immer – wie bei allen Banken – wegen des Bearbeitungsaufwandes und der geringen Zinserträge rote Zahlen geschrieben[34].

c) Zuordnung der Giroleistungen zu den Bankgeschäften i.S.d. § 1 I KWG

Die im Postgiroverkehr angebotenen Dienstleistungen sind – wie die Bezeichnung des Geschäfts korrekt angibt – im wesentlichen bargeldloser Zahlungs- und Abrechnungsverkehr i.S.d. § 1 I Nr. 9 KWG[35]. Versteht man unter Giroverkehr die kontenmäßige Verrechnung und Beförderung von Buchgeld[36], so bewegt sich die POSTBANK in diesem Bereich. Fraglich wird diese Einordnung allerdings bei der Kontoüberziehung, denn hier wird nicht mehr Giralgeld in Guthaben bewegt, sondern werden – zivilrechtlich gesehen – Darlehen gewährt.

Weniger deutlich sichtbar, aber ähnlich liegt es beim Euroscheck mit der Einlösungsgarantie der Euroscheckkarte: Mit der Aushändigung des garantierten Schecks erhält der Giroteilnehmer ein (sogar über die monatsweise gewährten Überziehungen hinausgehende) Kreditmöglichkeit in Höhe der ausgehändigten Schecks mal der Garantiesumme pro Scheck. Besonderheit ist hier jedoch, daß die POSTBANK nicht von vorneherein Kredite gewähren will, sondern nur für die Einlösung ohne Rücksicht auf den Stand des Kontos geradesteht; im Regelfall wird es sich bei der Ausgabe von Euroschecks und Euroscheckkarten deshalb nur um eine garantierte Guthabenverfügung handeln. Sie *können* zweifellos zur Kreditaufnahme benutzt werden; sie dürfen es aber nicht, weil der Kontoinhaber verpflichtet ist, seine Karte nur im Rahmen seines Guthabens auf dem Konto einzusetzen. In abgemilderter Weise können auf diese Weise ebenso Lastschriften und zur Gutbuchung eingereichte Schecks zu Krediten führen: Sofern sie storniert werden müssen, können sie wegen der nach ihrer Einreichung getätigten Geschäftsvorfälle zu einem negativen Saldo im Girokonto und damit zur faktischen Kreditgewährung führen. Die beiden letzteren Möglichkeiten sind aber keinesfalls zur Kreditgewährung vorgesehen, sondern eher als ungewollte und ungeplante Unfälle im Giroverkehr zu betrachten. Tatsächliche Kredit-

---

[34] *Schramm*, Einlagengeschäft, S. 43.

[35] So z.B. *Beck*, KWG, Rdnr. 27 zu § 2.

[36] *Szagunn / Wohlschieß*, KWG, Rdnr. 65 zu § 1.

möglichkeiten bieten nur der kartengarantierte Euroscheck sowie der Überziehungsrahmen für ein Girokonto.

Die Einordnung dieser Leistungsangebote nach den Kategorien des KWG ist schwierig. Geht man davon aus, daß § 1 I KWG die dort aufgelisteten Bankgeschäfte nur in Aktiv- und Passivgeschäfte unterteilen will, so liegt es nahe, den kartengarantierten Euroscheck und den Überziehungsrahmen des Girokontos als Gewährung von Gelddarlehen i.S.d. § 1 I Nr. 2 KWG (Kreditgeschäft) zu werten, weil die POSTBANK hierbei rechtlich als Darlehensgeber auftritt[37]. Vertritt man aber den Standpunkt, daß in § 1 I KWG nicht nur die Aktiv- und Passivgeschäfte der Banken, sondern auch die (insoweit neutralen, weil möglicherweise sowohl zu Aktiv- als auch zu Passivgeschäften gehörenden) Finanzdienstleistungen erfaßt sind[38], zählen zumindest die kartengarantierten Euroschecks nicht zu den Passivgeschäften, weil sie von der die Aktiv- und die Passivseite umfassenden Finanzdienstleistung i.S.d. § 1 I Nr. 9 KWG (Girogeschäft) umfaßt werden, die nicht auf den faktischen Erfolg einer Einlage oder einer Kreditgewährung abstellt, sondern das Ziel des bargeldlosen Zahlungsverkehrs ohne Rücksicht auf den jeweiligen Kontensaldo im Auge hat. Die Euroscheckkarte macht den Scheck erst als Giralgeld für den Scheckempfänger sicher und akzeptabel; sie soll nicht Kredite für den Aussteller besorgen, denn dieser ist zur sofortigen Dekkung verpflichtet.

Rechtlich schwieriger wird die Einordnung des Überziehungsrahmens, denn hier wird ein Darlehen i.S.d. § 1 I Nr. 2 KWG gewährt und das sogar regelmäßig vorgesehen. Erst der Gesamtzusammenhang mit dem Giralverkehr kann den Überziehungsrahmen wieder in die Geschäfte nach § 1 I Nr. 9 KWG einpassen, weil ein Girokonto als eine – bildlich gesprochen – Geldbörse für Giralgeld nicht nur den willentlichen Kontominderungen auf Initiative seines Inhabers offensteht, sondern im Wege der Lastschrift ebenso den Buchungen und Daueraufträgen *Dritter* ausgesetzt ist, wenngleich sie wieder storniert werden können; da der Kontoinhaber den aktuellen Kontostand nicht bei jeder Abhebung kennen kann und das Kontoguthaben für die genannten Drittzugriffe offen ist, ist der Überziehungsrahmen eher Zahlungsreserve zur Aufrechterhaltung des bargeldlosen Zahlungsverkehrs als Darlehenseinräumung, die von Anfang an das Ziel einer Kreditierung eines mit Geldmitteln nicht

---

[37] Zum Begriff der Gewährung von Gelddarlehen vgl. z.B. *Beck*, KWG, Rdnr. 50 zu § 1.

[38] So z.B. *Szagunn / Wohlschieß*, KWG, Rdnr. 16 zu § 1.

genügend ausgestatteten Giroteilnehmers trüge. Der Überziehungsrahmen ist erforderlich, um dem Kontoinhaber beim Einsatz seines Kontos im bargeldlosen Zahlungsverkehr die Sicherheit steter Deckung trotz möglicher Drittzugriffe zu geben; Grund für dessen Einräumung ist also seine zeitweilige Unkenntnis über den Guthabenstand.

Der Überziehungsrahmen kann freilich auch zur Kreditnahme eingesetzt werden. Dabei handelt es sich aber um eine unwirtschaftliche, besonders teure und kurzfristige Darlehensvergabe, die durch entsprechende Gestaltung der Überziehungskonditionen regelmäßig verhindert werden kann. Deshalb ist seine Einordnung unter die Geschäfte des § 1 I Nr. 9 KWG gerechtfertigt. Obwohl es durch Scheckkarte und Überziehungsrahmen zu Darlehen kommen kann, handelt es sich um Finanzdienstleistungen im Giralverkehr, die das Buchgeld mit der im Geschäftsverkehr erforderlichen Sicherheit zur Verfügung stellen und stets innerhalb einer überschaubaren Frist wieder „glattgestellt" werden müssen.

3. Kreditkarte (Eurocard)

Die seit 1978 von der Deutschen Bundespost in Zusammenarbeit mit der GZS, Gesellschaft für Zahlungssysteme mbH, Frankfurt, ausgestellte Eurocard gewinnt im bargeldlosen Zahlungsverkehr zunehmend Boden. Während sie in der Bundesrepublik Deutschland ursprünglich nur zögernd, jetzt mehr und mehr angenommen wird, ist in anderen Ländern – vor allem auf dem nordamerikanischen Kontinent – eine Zahlung durch Kreditkarten nicht nur allgemein akzeptiert, sondern wegen der aus der Karte ersichtlichen Bonität des Inhabers und des Dokumentationseffektes des Zahlungsvorgangs oft die bei bestimmten Leistungen (z.B. Hotel- und Flugbuchungen, Wagenmiete) allein akzeptierte Zahlungsweise. Hier hat das Giralgeld den Geldverkehr in Form von Münzen und Banknoten im Geschäftsverkehr fast völlig verdrängt.

Sieht man aber allein auf die Einsatzmöglichkeiten der Kreditkarte, so wäre sie – wie bereits ihr Name sagt – zur Gewährung von Gelddarlehen i.S.d. § 1 I Nr. 2 KWG geeignet. Ihr aus den USA übernommener Name trügt jedoch, weil die europäischen Kreditkarten nicht zur Darlehensaufnahme berechtigen, sondern nur stunden und innerhalb von 30 Tagen zur Zahlung verpflichten. Es sind weniger „credit cards" als „charge cards"[39]. Ferner werden die Rechtsvorgänge bei der Bezahlung

---

[39] *Merkel*, Das Recht der Kreditkarte in den USA, 1990, S. 60 f., 77 und 81.

mit Kreditkarte u.a. als Forderungskauf eingestuft oder als Übertragung eines bereits gewährten Darlehens auf die Bank bewertet; dann handelt es sich um kein Kreditgeschäft i.S.d. § 1 I Nr. 2 KWG, weil dabei Darlehen erstmals „gewährt“ werden müßten[40]. Betrachtet man ihre Funktion als Geldersatz und als Giralgeld, so dient sie zweifellos nach § 1 I Nr. 9 KWG der Durchführung des bargeldlosen Zahlungsverkehrs. Solange die Deutsche Bundespost POSTBANK nur mit der Eurocard GmbH Beziehungen pflegt, fällt die Einordnung in die Bankgeschäfte des KWG leichter: Wenn die Eurocard – wie heute – von der Karten-GmbH ausgegeben wird und diese oder die ihr verbundenen Einzelhändler die Kredite gewähren, betreibt die POSTBANK in keinem Fall das Kreditgeschäft i.S.d. § 1 I Nr. 2 KWG; sie ist nur aufgrund des zwischen Eurocard GmbH und Kreditkarteninhaber entstandenen Darlehensvertrages den Lastbuchungen der Eurocard GmbH ausgesetzt. Eine Gewährung von Krediten durch Dritte und ein Einbezug der POSTBANK durch den Zusammenhang mit dem Girokonto reichen nicht aus, um ein Kreditgeschäft i.S.d. § 1 I Nr. 2 KWG für die POSTBANK zu bejahen. Somit ist die Kreditvergabe oder Stundung im Rahmen der Eurocard für die POSTBANK lediglich ein Vorgang des Lastschriftabbuchungsverfahrens; da die Ausgabe der Kreditkarte durch Vermittlung der Bank keines der Vermittlungsgeschäfte i.S.d. § 1 I KWG enthält, führt das Eurocard-Geschäft der Deutschen Bundespost POSTBANK zur Zeit nicht zu einer Ausweitung ihrer Tätigkeit über die Geschäfte des § 1 I Nr. 1 und 9 KWG hinaus.

Zu einer anderen Beurteilung könnte man erst gelangen, wenn die Kreditkartengesellschaft allein die zahlungsmäßige Abwicklung, aber nicht – eventuell im Zusammenhang mit den die Kreditkarten akzeptierenden Einzelhändlern – Kredite gewähren würde, sondern für die jeweilige Bank kreditierte. Die eigenständige Ausgabe der Eurocard würde die POSTBANK in diesem Fall im oben geschilderten Sinn wieder an das Kreditgeschäft nach § 1 I Nr. 2 KWG heranführen, weil die Karte zur Aufnahme von Krediten geeignet ist. Ihre typische Funktion als Giralgeld zur Vermeidung des baren Zahlungsverkehrs, die kurzen Fristen zwischen Bezahlung und Abbuchung und die bloße Stundung bewegen sie jedoch wieder in den Bereich des § 1 I Nr. 9 KWG; eine typische, dauerhafte und umfangreiche Kreditmöglichkeit gewinnt der Karteninhaber in diesem Fall nicht. Dabei ist vor allem von Bedeutung, daß sich die POSTBANK nicht mit der Kartenausgabe verpflichtet, negative Salden auf dem Konto des Karteninhabers eine bestimmte Zeit bestehen zu

---

[40] H.M.; statt vieler *Szagunn / Wohlschieß*, KWG, Rdnr. 29 zu § 1.

lassen, sondern nach eigenen Zweckmäßigkeitserwägungen jederzeit, auch mehrmals im Monat, im Wege der Abbuchung einen Ausgleich herbeiführen kann. Bei Kreditkarten fehlt stets die für eine Darlehenseinräumung wesentliche, bindende Frist für die Kapitalüberlassung.

4. Rentenzahlung durch die Post

Seit Aufnahme der staatlichen Sozialversicherung in den 80er Jahren des letzten Jahrhunderts sind viele Träger der Sozialversicherung durch Gesetz verpflichtet, ihre Leistungen, Abfindungen, Beitragserstattungen oder Ausgleichszahlungen mit Hilfe der Bundespost an die Berechtigten zu übermitteln[41]. Dieser Rentendienst besteht seit 1888; er erreichte bereits um die Jahrhundertwende 1,5 Millionen Zahlungsfälle und wuchs bis 1979 zu einem Volumen von 155,8 Millionen Fällen mit einer monetären Quantität von insgesamt 108,6 Milliarden DM auf[42]. Hierin liegt unter dem Aspekt der Tätigkeit der Bundespost im Geldwesen weder ein neues noch ein andersartiges Tätigkeitsfeld, denn die Sozialleistungsträger werden nur verpflichtet, sich der Hilfe der Post bei einem üblichen Girogeschäft zu bedienen; die einzige Besonderheit liegt in der gesetzlich und durch Verwaltungsvorschriften eigens geregelten Abwicklung dieser Massenvorgänge des monetären Sozialversicherungsrechts. Da die Post dabei nur zum Zwecke des üblichen Giroverkehrs durch eine bestimmte Gruppe von Kontoinhabern in Pflicht genommen wird, ist dieser Bereich für die Untersuchung der Zulässigkeit des Tätigkeitsumfangs der Deutschen Bundespost POSTBANK ohne Belang.

5. Postanweisung, Zahlungsanweisung, Zahlkarte

Die Postordnung erlaubt, daß ein Absender einen eingezahlten Geldbetrag in Höhe von bis zu 1.000 DM durch die Post dem Empfänger auszahlen läßt. Sie führt damit einen seit 1871 reichsweit bestehenden Postdienst fort[43] Diese Regelung betrifft den klassischen Geldüberweisungsdienst in der Weise, daß Bargeld eingezahlt, innerhalb der Post bargeldlos übermittelt und dann wieder bar ausgezahlt wird. Solche Vor-

---

[41] Vgl. z.B. §§ 620, 1296, 1391 RVO, 73, 117 AnVG, 89 BKnG, 29 GAL.

[42] *Eidenmüller*, Post- und Fernmeldewesen, I. G 3.

[43] *Beck*, KWG, Rdnr. 25 zu § 2. Auf kleinerem Territorium bestand er schon früher; vgl. *Herrmann*, Die Deutsche Bundespost, S. 60.

gänge betreffen wegen ihres Barcharakters keine Bankgeschäfte i.S.d. KWG. Zahlungsanweisungen (Barauszahlungen vom Girokonto an Dritte[44]) und Zahlkarten (Bareinzahlungen zur Weiterleitung an Dritte) nimmt die POSTBANK ebenfalls entgegen; sie zählen jedoch zum halbbaren[45] Girodienst.

6. Reisescheckvermittlung

Seit 1871 betrieb die Post die Geldübermittlung durch sog. Wertbriefe nach § 6 des damaligen Postgesetzes[46]. Diese wurden 1914 durch den Postkreditbrief und 1930 vom Postreisescheck abgelöst[47]. Von 1935 bis 1981 wurde ein internationaler Postreisescheck von den Postämtern ausgegeben[48]. Da sich dieser Dienst nur noch mit wenigen Ländern aufrechterhalten ließ und ökonomisch bedeutungslos geworden war, ging die Post 1981 dazu über, die weltweit anerkannten Reiseschecks der Firma Amexco zu vermitteln[49]; eigene Reiseschecks der Post wurden nicht mehr ausgegeben. Bei der Vermittlung der Amexco-Reiseschecks handelt die Deutsche Bundespost POSTBANK für Rechnung und im Namen der Amexco. Sie leistet also reine Vermittlungsdienste.

Diese Gelddienste der Bundespost betreffen selbstverständlich weder das Einlagen- noch das Girogeschäft i.S.d. KWG. Zu erwägen ist allein, ob diese Tätigkeit unter das Effektengeschäft i.S.d. § 1 I Nr. 4 KWG als Anschaffung und Veräußerung von Wertpapieren für andere fällt. Aber auch das ist mit Sicherheit auszuschließen. Selbst wenn man in den Reiseschecks Wertpapiere i.S.d. genannten Vorschrift sieht, fehlt es an einer Anschaffung und Veräußerung „für andere", denn damit sind Kommissionsgeschäfte, also das Handeln im eigenen Namen für fremde Rechnung[50], eventuell auch im Wege des Selbsteintritts[51], gemeint; die POSTBANK handelt aber im Namen der Firma Amexco.

---

[44] § 15 III Postgiroordnung.

[45] So der Begriff des § 1 II Postgiroordnung.

[46] *Beck*, KWG, Rdnr. 25 zu § 2.

[47] *Franz Schneider*, Jahrbuch der Deutschen Bundespost 1987, S. 195.

[48] *Franz Schneider*, a.a.O.

[49] *Franz Schneider*, a.a.O.; *Eidenmüller*, Post- und Fernmeldewesen, III C Rdnr. 5 zu § 5 Postgiroordnung.

[50] *Beck*, KWG, Rdnr. 78 zu § 1; *Szagunn / Wohlschieß*, KWG, Rdnr. 42 zu § 1; *Schork*, KWG, Rdnr. 84 zu § 1.

[51] *Beck*, KWG, Rdnr. 84 zu § 1.

7. Sortendienst

Seit Beginn der 80er Jahre kann an den Schaltern der Deutschen Bundespost POSTBANK Geld umgetauscht werden. Solche Umtauschdienste hatte die Reichspost diskontinuierlich schon seit langer Zeit wahrgenommen[52]. Mit diesem Sortendienst wird der Umtausch von eigener Währung in fremde und umgekehrt ermöglicht[53]. Dieser Sortendienst ist niemals den Geschäften des § 1 I KWG zuzuordnen[54], denn Bargeschäfte in der Form von Geldwechselgeschäften zählen überhaupt nicht zu einer der in § 1 I KWG aufgelisteten Bankgeschäfte.

II. Eventuelle, neuartige Leistungsangebote

Im folgenden werden neuartige Leistungsangebote aufgelistet, die für die POSTBANK im Gespräch sind und deshalb in die rechtliche Begutachtung einbezogen werden müssen. Da es sich teilweise um noch nicht abschließend formulierte Vorschläge oder bloß um allgemeine Erwägungen statt um konkrete, begonnene Vorhaben handelt, muß die Auflistung in grober Rasterung vorgehen und die allgemeinen Kategorien des Bankwesens zur Einteilung und Beschreibung der Leistungsarten verwenden, auch wenn die POSTBANK die aufgelisteten Bankgeschäfte vielleicht letztlich nicht in der genannten Weise oder nicht in vollem Umfang, wie es andere Banken tun, anbieten wird.

1. Festgeld

Unter Festgeld versteht man die Annahme fremden Geldes für einen bestimmten Zeitraum. Festgelder sind nach unbestrittener Ansicht Einlagen i.S.d. § 1 I Nr. 1 KWG. Als Termineinlagen zählen sie aber nicht zu den Spareinlagen i.S.d. § 21 KWG, denn dort ist eine Befristung in Abs. 2 Satz 2 ausdrücklich verboten. Diese Vorschrift hat u.a. gerade den Zweck, Termingelder von Sparkonten fernzuhalten[55]. Festgelder bleiben

---

[52] VO v. 4.8.1914, RGBl. I S. 326; vgl. z.B. für die Zeit des 1. Weltkriegs *Schilly*, in: *Jeserich / Pohl / v. Unruh* (Hrsg.), Deutsche Verwaltungsgeschichte, Band III, 1984, S. 403.

[53] *Eidenmüller*, Post- und Fernmeldewesen, I. G 3. und 5.

[54] *Szagunn / Wohlschieß*, KWG, Rdnr. 24 zu § 1.

[55] Begründung zum Regierungsentwurf des KWG, BT-Drs. 3/1114, S. 36; *Szagunn / Wohlschieß*, KWG, Rdnr. 2 zu § 21.

also im Rahmen des Einlagengeschäfts, zählen aber nicht zu den Spareinlagen; die Zulässigkeit der Termingeldanlage durch die POSTBANK entscheidet sich deshalb danach, ob diese das gesamte Einlagengeschäft oder – wie eventuell aus § 2 II iVm § 21 KWG herauszulesen wäre – nur Spareinlagen annehmen darf. Vgl. dazu unten S. 84 ff.

2. Sparbrief

Mit dem Begriff des Sparbriefs wird die Leistung der Banken gekennzeichnet, bei der eine Geldanlage für eine bestimmte Zeit angenommen und dafür eine besondere Urkunde ausgestellt wird. Da die Banken bei der Gestaltung eines Sparbriefes keinem Typenzwang unterliegen, können sie diese auf verschiedene Art ausgestalten. Es wäre möglich, sie als Schuldverschreibung i.S.d. § 793 BGB auf den jeweiligen Inhaber auszustellen und damit marktgängig zu machen; sie könnten aber auch nicht vertretbare und damit marktgängige Urkunde i.S.d. § 808 BGB über eine Festgeldanlage sein[56].

Als Inhaberschuldverschreibung und echtes Wertpapier dürfte der Sparbrief nicht mehr zum Einlagegeschäft i.S.d. KWG gehören, denn damit sind invidivuelle Einlagevereinbarungen zwischen Sparer und Bank gemeint, die nicht durch ein marktgängiges Wertpapier standardisiert sind, sondern den Charakter des individuellen Darlehens tragen und allenfalls durch besondere Techniken der Dokumentation wie Kontenführung, Sparbuch oder Sparurkunde ausgezeichnet sind[57]. Würden die Sparbriefe von der POSTBANK in der oben geschilderten Art als echte Wertpapiere ausgegeben, so würden sie gänzlich aus den Bankgeschäften i.S.d. § 1 KWG herausfallen, denn sie würden trotz ihrer Wertpapiereigenschaft nicht zum Effektengeschäft i.S.d. § 1 I Nr. 4 KWG zählen, weil dort nur Kommissionsgeschäfte aufgegriffen werden[58].

Werden Sparbriefe aber – wie meistens[59] – zur Verbriefung eines individuell vereinbarten, lediglich zu standardisierten Konditionen vergebenen Darlehens ohne Kursrisiko als Papiere nach § 808 BGB ausge-

---

[56] Vgl. *Szagunn / Wohlschieß*, KWG, Rdnr. 20 zu § 1.

[57] Z.B. *Schork*, KWG, Rdnr. 40 zu § 1.

[58] *Beck*, KWG, Rdnr. 78 zu § 1; *Schork*, KWG, Rdnr. 84 zu § 1; *Szagunn / Wohlschieß*, KWG, Rdnr. 42 zu § 1.

[59] *Szagunn / Wohlschieß*, KWG, Rdnr. 20 zu § 21; *v. Staudingers* Kommentar zum BGB, 12. Aufl. 1986, Rdnr. 74, Vorbem. zu § 793 ff.

geben, so zählen sie zum Einlagengeschäft; vereinzelt werden sie sogar zu den Spareinlagen i.S.d. § 21 KWG gezählt[60], weil der Sparbrief gleich einem Sparbuch eine Urkunde ist, die die Spareinlagen nach § 21 I KWG charakterisiert. Sie rechnen aber letztlich trotz dieser Beurkundung allein zu den Einlagen, nicht zugleich auch zu den Spareinlagen, weil sie nach dem ihnen zugrundeliegenden obligatorischen Darlehensverhältnis befristet sind und damit nach § 21 II S. 2 KWG ex lege nicht mehr als Spareinlage gelten.

3. Öffentliche Anleihe

In der Überlegung zur Diversifizierung des Leistungsangebots der POSTBANK ist ferner die Ausgabe von öffentlichen Anleihen, vor allem von Bundesschatzbriefen. Seit 1972 handelt es sich in den hier interessierenden Fällen der Ausgabe von Anleihen durch Banken[61] bei öffentlichen Anleihen um Sammelschuldbuchforderungen gegenüber dem Staat, d.h. um Forderungen schuldrechtlichen Charakters, die unverbrieft bleiben[62], aber im staatlichen Schuldbuch des Bundes oder der Länder eingetragen werden. Sie sind gesetzlich den Schuldverschreibungen nach § 793 BGB angenähert worden[63]. Sie werden für Wertpapiersammelbanken im Schuldbuch eingetragen; diese führen für Banken ein Sammelkonto, die Bank vergibt die Anleihen – technisch durch Kontobuchung (Sammeldepotgutschrift) – an den Kunden. Jene stehen damit zwischen echten Wertpapieren und bloß obligatorischen Darlehensforderungen. Sie werden gehandelt[64], obwohl sie nicht verbrieft sind[65], sondern als Schuldbuchforderungen durch Gutschrift an den Gläubiger gegeben werden. Diese Wertrechte sind Ergebnis der „Entmaterialisierung des Effektenmarktes“[66]. Da ihnen nur der Briefcharakter fehlt, sie sonst

---

[60] *Beck*, KWG, Rdnr. 27 zu § 21.

[61] Rechtlich möglich ist ferner, für den einzelnen Kunden unmittelbar im Schuldbuch eine Einzelschuldbuchforderung einzutragen. Das Rechtsverhältnis beschränkt sich dann auf Kunde und staatliche Schuldenverwaltung, die Bank ist ausgeschaltet.

[62] *Staudinger*, Rdnr. 37 zu Vorbem. §§ 793 ff.

[63] *Staudinger*, Rdnr. 37 zu Vorbem. §§ 793 ff.; *Assmann / Schütze* (Hrsg.), Handbuch des Kapitalanlagerechts, 1990, S. 303 und 306.

[64] *Assmann / Schütze*, S. 306.

[65] *Assmann / Schütze*, S. 303, und *Staudinger*, Rdnr. 37 zu Vorbem. §§ 793 ff.

[66] *Assmann / Schütze*, S. 302.

wie Effekten vertrieben werden und historisch an deren Stelle getreten sind, handelt es sich um Effekten; man spricht hier von Bucheffekten statt von Briefeffekten[67]. Auch weil die Nichtverbriefung ausschließlich technische Rationalisierungsgründe hat, ist es gerechtfertigt, diese Art der Forderungen zu den Effekten zu zählen. Wenn die POSTBANK öffentliche Anleihen, also Forderungen gegen den Staat, in Kommission an ihre Kunden vermittelt, betreibt sie ein Effektengeschäft i.S.d. § 1 I Nr. 4 KWG, obwohl Wertpapiere körperlich nicht mehr vorhanden sind[68]. Anders ist zu entscheiden, wenn sie eigene Anleihen vertreibt, weil es dann an der für die Einordnung unter die Effektengeschäfte wesentlichen Vermittlung für andere fehlen würde.

4. Investmentsparen

Zur Diversifikation und Anpassung des Leistungsangebots wäre die Frage zu prüfen, ob die Postbank ihren Kunden das Investmentsparen anbietet und Investmentanteile nach deutschem Recht ausgibt. Investmentzertifikate sind nach dem Gesetz über Kapitalanlagegesellschaften (= KAGG) verbriefte Rechte über Anteile an einem Sondervermögen, das bei der Post aus einer Ansammlung von fremden Wertpapieren bestehen würde. Wesentlich für das Investmentgeschäft ist die Bildung eines Sondervermögens an diesen Wertpapieren[69]. Die Anlagegesellschaften stellen über die hieraus sich ergebenden Rechte dem Einleger Urkunden aus. Diese Geschäfte bilden nach § 1 I Nr. 6 KWG Bankgeschäfte in der Form des „Investmentgeschäfts". Mit der Ausgabe von Investmentanteilen i.S.d. KAGG würde sich die Post an diesem Investmentgeschäft beteiligen.

Für die Deutsche Bundespost POSTBANK käme statt dieser Geschäftsart auch in Betracht, unter der Bezeichnung „Investmentsparen" Aktien einer Aktiengesellschaft luxemburgischen Rechts an ihre Kunden auszugeben, deren Aktienkapital aus den jeweils angeschafften Wertpapieren besteht, d.h. schwanken kann. Es würde dann nicht ein Zertifikat über eine Beteiligung am Sondervermögen ausgegeben, sondern die Aktionäre würden über ihre Aktien am Investmentkapital beteiligt, das das jeweilige Vermögen der Aktiengesellschaft bildet. Die POSTBANK wür-

---

[67] *Assmann / Schütze*, S. 303.

[68] Zum Charakter des Wertrechtsgeschäfts als Effektengeschäft s. *Szagunn / Wohlschieß*, KWG, Rdnr. 39 zu § 1.

[69] § 1 I KAGG.

de damit Wertpapiere in Form von Aktien, nicht Investmentzertifikate i.S.d. § 1 KAGG vermitteln. Dann würde sie zwar kein Investmentgeschäft i.S.d. § 1 I Nr. 6 KWG mehr betreiben, sich jedoch auf diese Weise in das Effektengeschäft i.S.d. § 1 I Nr. 4 KWG begeben, weil sie Aktien einer fremden Gesellschaft als Kommissionär an ihre Kunden verkaufte. Die ausländische Herkunft dieser Aktien ist für die Bewertung als Effektengeschäft ohne Belang[70].

5. Versicherungsgeschäft

Sollte die POSTBANK zum Abschluß von Versicherungsgeschäften übergehen, so ergeben sich dabei verschiedene Möglichkeiten; sie führen die Postbank unter das Reglement des Versicherungsaufsichtsgesetzes (VAG)[71].

a) Versicherungs- oder Vorsorgesparen

Unter diesem Begriff versteht die POSTBANK entsprechend dem allgemeinen Sprachgebrauch im Bankwesen[72] Ratensparverträge, die mit einer Lebensversicherung gekoppelt sind, die bei Tod des Sparers die Fehlbeträge der noch nicht bezahlten Raten der Sparsumme sichert. Versicherungen können unter das Garantiegeschäft des § 1 I Nr. 8 KWG fallen. Für Versicherungsgesellschaften bleibt das ohne Belang, denn sie sind wegen der bestehenden Sonderaufsicht nach dem VAG durch § 2 I Nr. 5 KWG von den Vorschriften des KWG freigestellt[73]. Da diese Exemtion nur für Versicherungsunternehmen, nicht für Nebengeschäfte von Banken gilt, bleibt für die POSTBANK stets auch das KWG einschlägig, falls das jeweilige Versicherungsgeschäft die Voraussetzungen des § 1 I Nr. 8 KWG erfüllt.

Nach der Formulierung des § 1 I Nr. 8 KWG, der unter Garantiegeschäft die Übernahme von Bürgschaften, Garantien und sonstigen Ge-

---

[70] *Szagunn / Wohlschieß*, KWG, Rdnrn. 38 und 51 zu § 1.

[71] Nach § 156 a VAG gilt das Gesetz nicht für die Krankenversicherung und die Versorgungsanstalt der Deutschen Bundespost. Da sie dort in den Funktionen des Arbeitgebers, des Dienstherrn oder einer obersten Dienstbehörde tätig wird, nicht als Einrichtung der Daseinsvorsorge Leistungen an Kunden anbietet, kann dieser Sonderfall außer Betracht bleiben.

[72] Nach *Schramm*, Einlagengeschäft, S. 27.

[73] Vgl. z.B. *Schork*, KWG, Rdnr. 109 zu § 1.

währleistungen für andere versteht, sind unter solchen Bankgeschäften nur Garantien an *Dritte*[74] und wohl auch nur für Ausfälle von *finanziellen* Forderungen zu verstehen. Sonstige Sach- oder Lebensversicherungen sind damit kaum gemeint. Legt man diese Auslegung zugrunde, so wäre das Vorsorgesparen kein Garantiegeschäft i.S.d. KWG, weil die POSTBANK dem Kunden mit dem gekoppelten Leistungsangebot eines Ratensparvertrags inclusive einer Ratenausfallversicherung nur bindende zivilrechtliche Versprechungen im eigenen Interesse der Bank macht, aber nicht zugunsten Dritter Garantien abgibt[75]. Sie dürften deshalb nicht unter die Garantiegeschäfte des KWG fallen.

b) Reiseversicherung im Rahmen der Eurocard

Mit der Empfangnahme der Eurocard erhält der Postgirokunde nach den Kartenbedingungen zugleich einen Versicherungsschutz gegenüber Verlusten an Leib, Leben und Gepäck auf Reisen. Hierbei handelt es sich um Personen- oder Sachversicherungen, die nicht unter die Garantiegeschäfte des § 1 I Nr. 8 KWG fallen, weil sie sich nicht auf Forderungsausfälle beziehen und nicht Dritten gegenüber abgegeben werden. Sofern die Eurocard GmbH diese Versicherungen gewährt, ist die POSTBANK nur Vermittler; sobald die POSTBANK die Eurocard im eigenen Namen und auf eigene Rechnung ausgibt, würde sie insoweit Versicherungsgeschäfte außerhalb der Bankgeschäfte des KWG betreiben.

c) Sonstige Versicherungen

Für die Geschäftstätigkeit der POSTBANK kämen ferner die Vermittlung weiterer Versicherungen, z.B. von Kapitallebensversicherungen, Kfz- oder sonstigen Sachversicherungen, in Frage. Derartige Versicherungen stellen offensichtlich ebenfalls keine Garantiegeschäfte nach dem KWG dar, sondern sind Tätigkeiten im Bereich des Versicherungswesens, die für die POSTBANK neuartig sind.

---

[74] *Szagunn / Wohlschieß*, KWG, Rdnr. 59 zu § 1.

[75] Ähnlich *Szagunn / Wohlschieß*, KWG, Rdnrn. 59 ff. zu § 1.

III. Zusammenfassung

Darstellung und Analyse der gegenwärtig angebotenen und eventuellen, neuartigen Leistungsangebote der Deutschen Bundespost POSTBANK haben ergeben, daß die POSTBANK im Bereich des Einlagen- und Girogeschäfts nach § 1 I Nr. 1 und Nr. 9 KWG tätig ist bzw. würde. In Ausnahmefällen würde sie aber auch Effektengeschäfte i.S.d. KWG betreiben; obwohl manche ihrer Bankgeschäfte eine atypische Kreditierung teilweise ermöglichen, zählen sie als untypische, nicht bezweckte Kreditmöglichkeit wegen ihrer Funktionsbezogenheit zu den Giralgeschäften des § 1 I Nr. 9 KWG. Darüber hinaus könnten sie neuartige Leistungsangebote in einigen Bereichen in das Versicherungswesen oder das Investmentgeschäft führen.

B. Staatsorganisationsrechtliche Vorgaben der Verfassung für die Tätigkeit der POSTBANK

I. Einschlägige Normen

Die Art. 20 ff. GG nehmen an vier Stellen ausdrücklich auf die Tätigkeit der Post Bezug[76]; zwei weitere Fundstellen beziehen sich mittelbar auf sie. Art. 73 Nr. 7 GG verleiht dem Bund die ausschließliche Gesetzgebung über das Post- und Fernmeldewesen, Art. 80 II GG regelt die Zustimmung des Bundesrates bei Rechtsverordnungen über die Benutzung der Einrichtungen des Post- und Fernmeldewesens, nach Art. 87 I 1 GG wird die Bundespost in bundeseigener Verwaltung mit eigenem Verwaltungsunterbau geführt und schließlich regelt Art. 130 I 1 GG als Übergangsvorschrift die Unterstellung des Verwaltungsrats für das Post- und Fernmeldewesen für das französische Besatzungsgebiet unter die Bundesregierung. Mittelbar sind aufgrund der Ausgestaltung der Bundespost als Sondervermögen die Art. 110 I und 115 II GG wegen der finanzverfassungsrechtlichen Behandlung der Sondervermögen in Haushaltsplänen und bei der Kreditbeschaffung von Bedeutung.

Von den unmittelbar auf die Post abhebenden vier Vorschriften des Grundgesetzes kommen letztlich nur zwei als verfassungsrechtliche Vorgabe für die Tätigkeit der POSTBANK in Frage. Art. 130 I GG befaßt sich lediglich mit einem bestimmten Organ der Postverwaltung im französischen Besatzungsgebiet und will ersichtlich nur die Übergangsphase während des Entstehens der Bundesrepublik Deutschland zu Ende der 40er Jahre regeln; Art. 80 II GG normiert – wie aus den weiteren dort aufgeführten Zustimmungsfällen ersichtlich – allein die Mitwirkungsrechte des Bundesrates bei Rechtsverordnungen, die Auswirkungen auf die einzelnen Bundesländer haben können. Zudem sind diese Vorschriften als Vorgaben für die Tätigkeiten der POSTBANK insoweit unergiebig, als sie allenfalls durch den im Normtext enthaltenen Begriff des „Post- und Fernmeldewesens" zum Thema etwas inhaltlich beitragen könnten. Dieser Begriff erscheint aber ebenso in der Vorschrift des

[76] Weitere Vorschriften des Grundgesetzes erwähnen Teilaspekte, die zur hier interessierenden staatsorganisationsrechtlichen Antwort auf die Kompetenzfrage nichts beitragen (Art. 10 I, 18 S. 1, 44 II 2 GG).

Art. 73 Nr. 7 GG, die als Kompetenzregelung von unmittelbarerer Bedeutung ist. Ein Abstützen auf weitere Regelungen, die identische Begriffe ohne Zusätze oder Erklärungen verwenden, ist deshalb unnötig.

Da die Tätigkeitsfelder der POSTBANK ermittelt werden sollen, sind hierfür die als Kompetenzvorschriften gedachten Art. 87 I und 73 Nr. 7 GG heranzuziehen. Unmittelbar einschlägige Bestimmung stellt Art. 87 I GG dar, weil an dieser Stelle die Verwaltungskompetenz des Bundes geregelt wird. Nach ihrem Wortlaut bestimmt die Vorschrift zwar in erster Linie die Organisation der Bundesverwaltung unter Einschluß der Bundespost; damit wird aber neben der Organisation zugleich das Tätigkeitsfeld der Bundespost umrissen[77].

Art. 73 Nr. 7 GG befaßt sich dagegen mit der Gesetzgebungszuständigkeit des Bundes und gibt ihm die ausschließliche Normierungskompetenz für das Post- und Fernmeldewesen. Obwohl es sich bei der Ermittlung der Tätigkeitsbereiche der POSTBANK um Verwaltungskompetenzen statt um Gesetzgebungszuständigkeiten dreht, bleibt Art. 73 Nr. 7 GG dennoch für das Thema der Untersuchung einschlägig, denn nach ständiger Rechtsprechung des Bundesverfassungsgerichts zeichnen die Gesetzgebungsbefugnisse des Bundes nach der im Grundgesetz angelegten Systematik die äußerste Grenze für dessen Verwaltungsbefugnisse vor[78]. Insoweit kann Art. 73 Nr. 7 GG zur Auslegung des Art. 87 I GG dienen und zumindest im Sinne einer äußersten Grenze[79] auch das Tätigkeitsfeld der POSTBANK verfassungsrechtlich markieren.

II. Auslegung der Art. 73 Nr. 7 und 87 I GG

1. Mangelnder Ertrag der Auslegung nach dem Wortlaut

Rechtsnormen sind objektiv auszulegen; der subjektive Wille des Rechtsetzers kann allenfalls ergänzende Anhaltspunkte für die Ausle-

---

[77] Vgl. *Badura*, ArchPF 1981, S. 260, 267; *Großfeld*, Postbank, S. 20; *Lecheler*, NVwZ 1989, S. 834, 835; *Lerche / Graf von Pestalozza*, Die Deutsche Bundespost als Wettbewerber, S. 30; *Lerche*, FS für Klaus Obermayer, S. 75, 78 f.; *Ossenbühl*, Wirkungskreis, S. 29; *Stern*, Staatsrecht II, S. 833; *Wiechert*, Jahrbuch der Deutschen Bundespost 1986, S. 119, 123.

[78] Ständ. Rspr.; speziell zu Art. 73 Nr. 7 und 87 I GG schon BVerfGE 12, S. 205, 229. So auch BGH, NJW 1990, S. 2818.

[79] Das ist bei allen Differenzen über das Verhältnis von Art. 73 Nr. 7 und 87 I GG unstreitig; so auch *Lerche*, FS für Klaus Obermayer, S. 75, 76.

gung liefern[80]. Die objektive Auslegung kann sich dabei auf den Wortlaut oder auf die Systematik des Gesetzes stützen; es kann dafür auch auf die Gesetzesgeschichte abgestellt oder die teleologische Auslegungsmethode angewandt werden. Nach der Meinung des Bundesverfassungsgerichts ist in erster Linie auf den Wortlaut der Norm und die Systematik des Gesetzes, in dem sie die Norm befindet, abzuheben[81]. Bei der Auslegung nach dem Wortlaut soll der allgemeine Sprachgebrauch eine wichtige Rolle spielen[82].

Faßt man den unmittelbar einschlägigen Art. 87 I GG ins Auge, so ist von „Bundespost" die Rede. Die Norm regelt zwar primär die Bundesorganisation, eine Organisationsvorschrift für eine Behörde enthält aber stets auch eine Aufgabenzuweisung an jene, denn jegliche staatliche Organisation kann nicht bloßer Selbstzweck sein, sondern wird zur Erfüllung einer Verwaltungsaufgabe errichtet. Trotz des in erster Linie auf ein anderes Ziel gerichteten Wortlauts enthält deshalb Art. 87 I 1 GG unzweifelhaft auch eine Staatsaufgabennormierung und weist die Staatsaufgabe einer bestimmten Bundesbehörde zu[83]. Die Auslegung anhand des bloßen Wortlauts hilft zur Ermittlung der Bankzuständigkeiten der Post jedoch nicht viel weiter[84], da sich die Aussage auf eine herkömmliche Behördenbezeichnung bezieht, deren ältere Aufgaben die Beförderung von körperlichen Nachrichten und Paketen sowie der Fernmeldeverkehr waren; gerade das POSTBANK-Wesen ist in der Bezeichnung nicht besonders bedacht worden.

2. Zusatzertrag der systematischen Auslegung

Einen Schritt weiter hilft die Verbindung der Auslegung nach dem Wortsinn mit der Interpretation nach dem Bedeutungszusammenhang zu

---

[80] Z.B. BVerfGE 69, S. 1, 29; 64, S. 261, 275; 62, S. 1, 45; BVerwG, NVwZ 1984, S. 445, 446; bayer.VerfGH, DVBl. 1986, S. 39, 40.

[81] BVerfGE 64, S. 261, 275.

[82] BVerfGE 46, S. 120, 139; 28, S. 66, 85; 12, S. 205, 226; BVerwGE 28, S. 36, 45.

[83] Vgl. *Badura*, ArchPF 1981, S. 260, 267; *Großfeld*, Postbank, S. 20; *Lecheler*, NVwZ 1989, S. 834, 835; *Lerche / Graf von Pestalozza*, Die Deutsche Bundespost als Wettbewerber, S. 30; *Lerche*, FS für Klaus Obermayer, S. 75, 78 f.; *Ossenbühl*, Wirkungskreis, S. 29; *Stern*, Staatsrecht II, S. 833; *Wiechert*, Jahrbuch der Deutschen Bundespost 1986, S. 119, 123.

[84] Zu optimistisch BVerfGE 28, S. 66, 85.

anderen Vorschriften. Nach der oben aufgeführten Rechtsprechung des Bundesverfassungsgerichts gehen die Verwaltungskompetenzen des Bundes in keinem Fall weiter als seine Rechtsetzungszuständigkeiten. Hebt man auf die ausschließliche Gesetzgebungskompetenz des Bundes aus Art. 73 Nr. 7 GG ab, so ist dem Bund zumindest in diesem Bereich als äußerste Grenze das „Post- und Fernmeldewesen" zugewiesen worden.

Damit ist aber noch nicht die gedankliche Verknüpfung mit der Aufgabe des Verwaltungsorgans Bundespost hergestellt. Überdies wäre nach dem Grundsatz, daß die Gesetzgebungskompetenzen stets letzte Barrieren für die Verwaltungszuständigkeiten des Bundes seien, denkbar, der konkurrierenden Gesetzgebungskompetenz nach Art. 74 Nr. 11 GG, dem „Recht der Wirtschaft" mit dem Unterpunkt „Bank- und Börsenwesen", gleiche Bedeutung wie Art. 73 Nr. 7 GG beizumessen[85] und diese Vorschrift ebenso in einen systematischen Zusammenhang bei der Auslegung des Art. 87 I 1 GG zu bringen. Das Bundesverfassungsgericht hat sich jedoch in ständiger Rechtsprechung dafür entschieden, allein Art. 73 Nr. 7 GG in einen Bedeutungszusammenhang mit Art. 87 I GG zu stellen und diese Verknüpfung in der Weise vorgenommen, daß es beide Begriffe für eine Bezeichnung desselben Sachbereichs hält[86]. Nach der Rechtsprechung ist damit der Terminus „Post- und Fernmeldewesen" des Art. 73 Nr. 7 GG inhaltlich mit dem der „Bundespost" in Art. 87 I 1 GG identisch. Das „Bank- und Börsenwesen" aus Art. 74 Nr. 11 GG scheidet nach dieser Rechtsprechung aus den weiteren Überlegungen aus. Folgt man dem nicht, würde sich der Funktionsbereich der Bundespost in der systematischen Auslegung auf das gesamte Bankwesen erweitern lassen, sofern nicht historische und teleologische Interpretation dagegenstehen.

Damit hat sich das Auslegungsmaterial für die POSTBANK-Befugnisse auf drei Bezeichnungen (Postwesen, Fernmeldewesen, Bundespost) erweitert. Eine sichere Interpretation ist damit für das POSTBANK-Wesen jedoch noch nicht gegeben, weil die Begrifflichkeit des Art. 73 Nr. 7 GG nunmehr zwar die Telekommunikation in dem Terminus des „Fernmeldewesens" als eine Aufgabe der Bundespost deutlicher kennzeichnet, aber im Begriff des „Postwesens" weiterhin unklar bleibt, ob oder inwieweit damit auch das POSTBANK-Wesen gemeint und sachlich vorgezeichnet ist.

---

85 Dazu *Feigenbutz*, Bindungen, S. 74 f.

86 BVerfGE 12, S. 205, 229; aus der Literatur z.B. *Dittmann*, Die Bundesverwaltung, S. 174; *Hesse*, Fernmeldemonopol, S. 45.

3. Erster entscheidender Ansatz in der historischen Auslegung

Wegen des lapidaren Wortlauts muß bei der Interpretation die historische Auslegung weiterhelfen[87]. Ihr kommt bei der Auslegung der Kompetenzregeln des Grundgesetzes nach ständiger Rechtsprechung besonderes Gewicht zu[88]. Sie legt den Interpretationsbemühungen die Erfahrung zugrunde, daß Rechtsregeln auf den tatsächlichen und rechtlichen Zuständen zur Zeit ihres Erlasses aufbauen und sich begrifflich in eine bestehende Gesellschafts- und Rechtsordnung einfügen wollen. Die historische Auslegung geht also von den zur Zeit des Erlasses der Norm bestehenden Verhältnissen aus und gibt den Begriffen denjenigen Inhalt, den sie zu dieser Zeit besaßen. Damit wird nicht immer an den Willen des Gesetzgebers angeknüpft – die historische Auslegungsmethode dient nicht stets der subjektiven Auslegung –, sondern der zu interpretierende Begriff anhand der objektiven Verhältnisse zur Zeit der Normentstehung ermittelt. Mit diesem Ansatz ist die historische Interpretationsmethode auch ein Weg zur objektiven Auslegung.

Nicht nur die Wortkargheit des Grundgesetzes, die den Interpreten in Auslegungsnot stürzt, hält hier zur Anwendung der historischen Methode an. Für sie sprechen bei einer normativen Aufgabenstellung durch Verwendung von Behörden- und Organisationsbegriffen in Kompetenznormen noch weitere Gesichtspunkte: Das als Bundespost bezeichnete Verwaltungsgebilde war zur Zeit der Verfassungsgebung als normativ vorgezeichnete und tatsächlich errichtete und tätige Post vorhanden. Der Verfassungsgeber übernahm ein historisches Faktum in seinem Bestand in den Aufgabenkatalog des Art. 87 I GG[89]. Da es sich dabei um ein von Menschen „künstlich" errichtetes Gebilde handelte, nicht etwa um etwas „natürlich" Vorgefundenes, wie z.B. beim Staatsvolk, der Menschenwürde usw., liegt die Annahme besonders nahe, er habe an dieses Gebilde in seiner von früheren Hoheitsträgern geschaffenen und aufrechterhaltenen Form angeknüpft.

Ferner war die Post nicht nur in tatsächlicher Tradition vorhanden, sondern durch besondere Gesetze organisiert. Neben dem faktischen Herkommen existierte sie ebenso in rechtlich positivierter Tradition. Der Verfassungsgeber hat demnach nicht nur einen abstrakten Begriff, son-

---

[87] BVerfGE 28, S. 66, 85.

[88] Z.B. BVerfGE 74, S. 1, 57; 102, 116; 41, S. 205, 220; 14, S. 197, 217; BVerwGE 28, S. 36, 45.

[89] Vgl. *Dittmann*, Die Bundesverwaltung, S. 174.

dern eine normativ verfaßte Organisation und eine praktizierte Verwaltungsaufgabe vorgefunden und übernommen. Diese Momente belegen, daß die historische Auslegung – als Ausnahme zur sonst üblichen Regel des Vorrangs anderer Interpretationsweisen – an dieser Stelle als vorrangige Methode gerechtfertigt ist. Vor allem kann sie den übergeordneten Gesichtspunkten der verfassungsgeschichtlichen Kontinuität[90] adäquat Rechnung tragen. Sie ist zudem im Gegensatz zu den beiden ersten Methoden sehr ertragreich, weil die historische Wirklichkeit die Fülle von Daten zur Auslegung der Begriffe der Bundespost und des Post- und Fernmeldewesens zu bieten vermag, die aus dem Wortlaut und der Systematik der Normen allein nicht hervorgehen.

4. Zeitlicher und sachlicher Ansatz der historischen Interpretation

a) Rechtslage oder Staatspraxis?

Vor der Anwendung der historischen Auslegungsmethode ist zu klären, an welchen Zeitpunkt und an welche sachlichen Gegebenheiten die historische Auslegung anknüpfen soll. Als Gegebenheiten kommen die Rechtslage, also das frühere Normengefüge, oder die Staats- und Verwaltungspraxis, d.h. die tatsächliche Handhabung der Normen sowie die Fakten der ungebundenen Staatstätigkeit[91], in Frage.

Grundsätzlich sind beide zu berücksichtigen, denn die historische Interpretation geht von der Kontinuität des Rechts und der Realität aus. Es ist unzulässig, einzelne Punkte, die die geschichtliche Entwicklung beeinflußt oder geprägt haben, aus der Betrachtung auszuschließen. Das gilt auch für die Auslegung von Verfassungsnormen. Das Bundesverfassungsgericht erkennt das in ständiger Rechtsprechung an, wenn es die Berücksichtigung der Regelungstradition[92], der deutschen Rechtstradition[93], des rechtlichen und historischen Umfeldes[94], des geschichtlichen

---

[90] BVerfGE 77, S. 308, 331 m.w.Nachw.

[91] Das Bundesverfassungsgericht hat diese Begriffe früher, teilweise noch heute mit anderer Bedeutung verwendet: Unter Staatspraxis verstand es im Gegensatz zur formellen Verfassungslage in erster Linie die Praxis der Gesetzgebung. Es hat sich aber nie auf die Verfassungs- oder Gesetzeslage bei der historischen Interpretation beschränkt; es verwendet jetzt zunehmend andere Begriffe als den der Staatspraxis.

[92] BVerfGE 80, S. 315, 333 u. 336; 74, S. 51, 57.

[93] BVerfGE 76, S. 363, 383.

Hintergrunds[95], der bestehenden Rechtslage[96], des überlieferten Normenbestandes[97] und eine Gesamtbetrachtung[98] fordert.

Zwar kommt der früheren Verfassungslage besondere Aufmerksamkeit zu, denn es soll eine Verfassungsnorm ausgelegt werden. Da die vorangegangenen Verfassungen aber nicht mehr gelten, bilden sie nur noch Auslegungsmaterial wie andere Normen oder die reale Lage bei Normerlaß. So zieht das Bundesverfassungsgericht neben der Weimarer Reichsverfassung und der Reichsverfassung von 1871 zu Recht Gesetze und Verordnungen[99], Landesverfassungen[100], Völkerrecht[101], internationale Übereinkommen[102], Gerichtsentscheide oder richterliche Spruchpraxis[103], ja sogar Kommissionsberichte[104], Lehrmeinungen[105] und die tatsächliche Lage[106] zur Interpretation heran. Deren Gewicht ist im Einzelfall zu bestimmen, eine verläßliche, generelle Wertungshierarchie besteht nicht. Da die deutschen Verfassungen nie das Postwesen selbst definieren[107], gewinnen die Postgesetze bei der historischen Auslegung erheblichen Einfluß, sofern sie Kontinuität in Bestand oder Entwicklungslinie des Postwesens aufzeigen[108].

Soweit Rechtslage oder Staatspraxis nicht differieren, bleibt die Unterscheidung ohne Belang; wenn sich aber die Praxis contra oder praeter

---

94 BVerfGE 79, S. 127, 149 f.; 74, S. 102, 116.

95 BVerfGE 75, S. 40, 56.

96 BVerfGE 74, S. 102, 125.

97 BVerfGE 76, S. 363, 383.

98 BVerfGE 74, S. 51, 57; S. 102, 116.

99 In BVerfGE 80, S. 315, 337; 75, S. 40, 56; 74, S. 102, 125; 65, S. 1, 39; 46, S. 120, 139 ff.; 42, S. 20, 30 ff.; 12, S. 205, 226 f.; 3, S. 407, 418 f. Die Entscheidungen im 12. und 46. Band betreffen gerade die Post.

100 In BVerfGE 79, S. 127, 149 f.

101 In BVerfGE 80, S. 315, 334; 74, S. 51, 57.

102 In BVerfGE 76, S. 363, 386; 74, S. 102, 121.

103 In BVerfGE 79, S. 127, 149 f.; 74, S. 102, 121.

104 In BVerfGE 77, S. 1, 48.

105 In BVerfGE 79, S. 127, 149 f.; 76, S. 363, 384 f.; 75, S. 40, 64.

106 In BVerfGE 77, S. 308, 331; 75, S. 40, 56.

107 *Anschütz*, Verfassung, Anm. 3 zu Art. 88 WRV; *Lassar*, in: *Anschütz / Thoma* (Hrsg.), Handbuch, Band I, S. 351; *von Seydel*, Verfassungs-Urkunde, S. 91.

108 Vgl. *Großfeld*, Postbank, S. 23.

legem entwickelt hätte oder, ohne unter Gesetzesvorbehalt zu stehen, eine Evolution im gesetzesfreien Raum stattgefunden hätte, würde ein differenter Ansatzpunkt bedeutsam.

Für ein alleiniges Abstellen auf die Gesetzeslage spricht, daß die Interpretation von Normtexten grundsätzlich davon ausgehen kann, daß sie sich in der Wortwahl und Bedeutung der Begriffe in ein bestehendes Rechtssystem einfügen und daß grundsätzlich eine rechtskonforme Auslegung vorzuziehen ist. Eine Auslegung anhand der damaligen Staatspraxis hat den Vorzug, daß sie das mit einem knappen Behördenbegriff übernommene tatsächliche Verwaltungsgeschehen aufgreift und dessen Kontinuität sichert; ferner konzentrieren sich die Parlamente – vom subjektiven Standpunkt aus betrachtet – eher auf die politische Wirklichkeit und die Bewältigung aktueller, tatsächlicher Probleme statt auf ein systematisch-dogmatisch orientiertes, rechtlich kontinuierliches Vorgehen.

Die Entscheidung, an Rechtslage oder Staatspraxis anzuknüpfen, liegt nicht in einem Entweder-Oder, sondern in einer Verbindung beider Komponenten. Auf die Gesetzeslage muß abgestellt werden, weil eine neue Norm stets eine Antwort auf bestehende Regelungen ist; die Staatspraxis muß berücksichtigt werden, weil bei der verfassungsrechtlichen Manifestation von Bundesbehörden ein bestehendes Gebilde angesprochen wird, dessen Tätigkeit und Organisation sich nicht allein aus Rechtsregeln ergibt, sondern sich ebenso erst in der Staatspraxis geformt hat.

Deshalb stehen für die historische Auslegung nach herrschender Meinung zu Recht die zur Zeit des Erlasses der Norm bestehende Gesetzeslage und die Staatspraxis als Ansatzpunkte zur Verfügung, ohne daß es grundsätzlich erlaubt wäre, eine von beiden Komponenten zu vernachlässigen. Dabei ist zu beachten, daß beide – auch die damals bestehende Gesetzeslage – heute nicht mehr normativ binden, sondern nur als Auslegungsmittel zum Erkennen des in der neuen Norm aufgegriffenen terminus dienen. Das relativiert den sonst in der Rechtswissenschaft streng durchzuhaltenden Gegensatz von Sollensnorm und Faktum in diesen Fällen. Der Gegensatz wird weiter aufgelockert, weil die vorangegangene Gesetzesgeschichte zugleich Aufschluß über die Staatspraxis gibt; die meisten Novellen sind Antworten auf erkannte Fehlentwicklungen oder Gefahren, reagieren damit ebenso auf eine vom Parlament als in die Irre gegangen erkannte Staatspraxis.

Bei Differenzen in Gesetzeslage und Staatspraxis muß im Einzelfall abgewogen werden. Eine abstrakte Vorrangregel gibt es nicht. Die

Grundlinien für die Entscheidung geben im Bereich der gesetzesfreien Verwaltung der Staatspraxis den Vorrang. Soweit mehrere Verhaltensweisen möglich sind, hat die Staatspraxis im Bereich des Rechtmäßigen oder Ungeregelten ebenfalls den Vortritt. Auf dem Gebiet der gesetzlich gebundenen Verwaltung entfalten eher die früheren Normen ihre Bedeutung, weil eine gesetzeskonforme Praxis zu vermuten ist, bis sie schließlich, wenn sie vom Parlament bewußt zur Korrektur einer damals verfehlten Staatspraxis eingesetzt werden, stets den Vorrang erhalten müssen.

b) Zeitpunkt des Normerlasses

Die historische Auslegung muß an die Lage zur Zeit des Erlasses der Norm anknüpfen, denn jener Zustand wird vom Gesetz aufgegriffen und fortgeführt. Ausnahmen sind zu machen, wenn der Gesetzgeber ausdrücklich von der bisherigen Lage absehen und z.B. an eine frühere Tradition anknüpfen wollte. Ohne daß der zeitliche Ansatzpunkt für die Untersuchung datumsmäßig exakt festgelegt werden müßte, ist zur Interpretation der Art. 87 I und 73 Nr. 7 GG auf die Lage vom September 1948 bis zum Mai 1949 abzuheben, während der das Grundgesetz beraten, beschlossen und verkündet wurde[109]. Dieser Zeitpunkt ist wesentlich für die Deutung der Normen, weil damit die besatzungsrechtlichen Veränderungen und die Praxis der deutschen Verwaltung in den Zonen zur Auslegung herangezogen werden müssen, nicht allein die vormalige reichsrechtlich geregelte Tätigkeit der Post den Ausschlag gibt. Die früheren Vorschriften über die Tätigkeit der POSTBANK werden dabei nicht bedeutungslos; sie verlieren lediglich ihren Charakter als primärer Ansatzpunkt der historischen Auslegung, wenn sie 1948/49 nicht mehr galten, und dienen dann nur noch dem Nachweis historischer Kontinuität trotz aller Umbrüche im Gefolge der Ereignisse nach 1933.

c) Grundsätzliches zum Einfluß der Postgesetze und des Kreditwesengesetzes auf die historische Auslegung der Art. 87 I und 73 Nr. 7 GG

Wenn die historische Auslegung die Gesetzeslage zur Zeit des Erlasses der ausgelegten Norm berücksichtigt, so bedeutet das nicht unbefrag-

---

[109] Ähnlich *Paul Kirchhof*, Verwalten durch „mittelbares" Einwirken, 1977, S. 423; vgl. zu den Daten des Zustandekommens des Grundgesetzes *Mußgnug*, in: *Isensee / Kirchhof* (Hrsg.), Handbuch des Staatsrechts, Bd. I, 1987, S. 234 f. und 245 ff.

te Identifikation der interpretierten Verfassungsnorm mit dem Gesetz, sondern es wird das Gesetz als positivierter Ausdruck der damals vorgefundenen Rechtslage neben der Staatspraxis zur Interpretation zu Hilfe genommen. Das Gesetz kann niemals – wie es bei einer Verweisung möglich wäre – den Inhalt der Verfassungsnorm bindend und authentisch interpretieren, sondern gilt nur unter der Voraussetzung der Übernahme der damaligen Gesetzeslage als Deutungshinweis. Wo die Verfassung nicht übernehmen, sondern Neues oder gar Gegensätzliches schaffen wollte, versagt es bei der Auslegung; wo Praxis und Rechtslage differierten, ist abzuwägen, welche den Vorrang bei der Interpretation erhalten solle — ein Verfahren, das bei authentischer Auslegung anhand gültiger, verbindlicher Normen unweigerlich zum Gesetzesbruch führen würde, falls der Praxis der Vortritt gewährt würde; wo sich spätere, vom früheren Gesetz nicht abgedeckte Normbereiche öffnen, kann die historische Auslegung anhand dieses Gesetzes meist nicht weiterhelfen; kurz: das Gesetz kann Auslegungsmaterial bieten, aber nicht wie ein gültiges Verweisungsobjekt den Norminhalt bestimmen.

Da die Art. 87 I und 73 Nr. 7 GG unstreitig die Rechtslage der Jahre 1948 und 1949 weiterführen und damit den geschichtlichen Bestand an konkreten Tätigkeitsfeldern und Funktionen der Post anerkennen wollten[110], ist die historische Auslegung grundsätzlich an der Gesetzeslage zu orientieren; das oben geschilderte Faktum, daß es sich um die Konstitutierung einer normativ produzierten Staatseinrichtung handelt, führt ebenfalls zu diesem Ergebnis. Deshalb begegnet eine eng am Gesetz orientierte Interpretation dieser Verfassungsartikel keinen Bedenken. Sofern man dabei nicht nur die Legitimation konkreter Tätigkeitsbereiche im bisherigen Bestand, sondern auch die Übertragung von Funktionen anerkennt, die in wechselnden Lebensbereichen zu veränderten Tätigkeitsformen führen können, kann der historische Ansatz in seiner teleologisch ausgerichteten Weiterführung eine normzielwidrige Versteinerung der Verfassungsnorm verhindern.

Sichtet man den Kreis der bei der Auslegung einschlägigen Gesetze, so stößt man zuerst auf die Postgesetze, vor allem Reichspostfinanzgesetz, Gesetz zur Vereinfachung und Verbilligung der Verwaltung[111] und Postgesetz. Ihre Tauglichkeit zur historischen Interpretation steht außer Zweifel, denn sie befassen sich gerade und hauptsächlich mit derjenigen Institution, die Art. 87 I GG im bloßen Begriff der „Bundespost“ zu

[110] *Schricker*, Wettbewerb, S. 35.

[111] V. 27.2.1934, RGBl. I S. 130.

unergiebig anspricht. Eine erhöhte Bedeutung kommt dabei dem Reichspostfinanzgesetz zu, denn es hat die Postregelungen der Weimarer Reichsverfassung mit verfassungsändernder Wirkung teilweise außer Kraft gesetzt[112], konnte also nach damaliger Rechtsauffassung in allen seinen Teilen – auch ohne ausdrückliche Änderung des Verfassungstextes – verfassungsändernde Wirkung entfalten.

Eine Verwendung des heutigen KWG zur Interpretation des Art. 87 I GG ist jedoch unzulässig. Vor allem die eingangs zur bankrechtlichen Bewertung der POSTBANK-Tätigkeiten vorgenommenen Einordnung in die Bankgeschäfte des § 1 KWG kann allenfalls indizieren, ob die Geschäfte nach allgemeinem Bankrecht zum Sparen, Giroverkehr, Kreditieren, Investieren u.ä. gehören. Der Hinweis in der Diskussion über die Kompetenzen der POSTBANK auf das jetzige KWG beruht auf unbesehener Gleichsetzung des KWG mit dem Grundgesetz.

Das jetzige KWG ist erst am 1.1.1962 in Kraft getreten[113]; zur Auslegung eines an den Jahren 1948 und 1949 stammenden Verfassungstextes ist es zeitlich untauglich. Man müßte vielmehr auf das damals in seinen materiellen Vorschriften unverändert fortgeltende KWG in der Fassung von 1939[114] Bezug nehmen. Dort wurde die Post aber ohne Ausnahme von allen Regeln des KWG freigestellt, d.h. schon während dessen Gültigkeit war es für die Post ohne jegliche Bindungswirkung[115]. Daran darf eine historische Auslegung nach der geschichtlichen Gesetzeslage nicht vorbeigehen. Zudem finden sich dort eine andersartige und knappe Liste der Bankgeschäfte, die für die heutigen, neuartigen Bankangebote keine Aussage enthält[116]; es fehlt also an der für eine historische Auslegung unerläßlichen[117] geschichtlichen Kontinuität.

Zuletzt stünden einer Anwendung des KWG in der Fassung von 1939 zwei weitere Bedenken entgegen: Das KWG gilt allgemein für Banken, die Postgesetze sind leges speciales für Postsparkasse und Postscheckdienst. Das KWG war zum Schutz der Kunden und der Wirtschaft als bankrechtliches Polizeigesetz erlassen worden[118]. Würde man sich sei-

---

[112] Ausdrücklich hebt § 15 RPFG Art. 88 Abs. 3 und 4 WRV auf.

[113] § 65 KWG.

[114] I.d.F.d. Bkm. v. 25.9.1939, RGBl. I S. 1955.

[115] *Großfeld*, Postbank, S. 40.

[116] Z.B. war in § 1 KWG 1934 das Investmentgeschäft nicht vorgesehen.

[117] Vgl. z.B. BVerwG, DVBl. 1990, S. 1172, 1175.

[118] So heute ausdrücklich § 6 KWG.

ner Hilfe zur Interpretation des Art. 87 I GG bedienen, würde man das Schutzziel der Norm durch den Zweck einer Aufgabenzuordnung ersetzen, das KWG würde in der Interpretation entgegen der ratio legis verwendet.

5. Zweiter wesentlicher Ansatz in der teleologischen Auslegung

Die historische Auslegung kann aber nicht zur Versteinerung des Ermittelten und zur Begründung dessen normativer Verbindlichkeit ohne Rücksicht auf spätere Entwicklungen dienen[119]. Die Auslegung nach der geschichtlichen Methode ist nur der Ansatzpunkt zur Interpretation einer vom Wortlaut nicht genügend aussagekräftigen Norm. Vierzig Jahre Grundgesetz gehen an dessen Inhalt jedoch nicht spurlos vorüber.

Zum einen wäre stets ein Verfassungswandel in Erwägung zu ziehen. Da er erhebliche Änderungen im Wirkungsbereich der Norm und im Verständnis der Normunterworfenen voraussetzt, für den Bereich der Bundespost aber keine entsprechenden Anhaltspunkte vorliegen, braucht diese Frage nicht weiter verfolgt zu werden.

Von Bedeutung ist allerdings der Einfluß der vierten klassischen Auslegungsmethode, der teleologischen Interpretationsweise: Sie will unter Zuhilfenahme der drei anderen Methoden den der Norm nach Wortlaut, Bedeutungszusammenhang und Gesetzesgeschichte zugrundeliegenden Normsinn ermitteln und zur Geltung bringen; dahinter steht die Grundüberzeugung, daß Sollensnormen stets Verhaltensbefehle sind, die sich auf ein bestimmtes Ziel richten. Deshalb ist eine Ermittlung des Normzwecks unerläßlich, vor allem wenn der Wortlaut verschiedene Deutungen erlaubt[120].

Normgehorsam bedeutet in der teleologischen Denkweise Vorrang von Zielverfolgung und -erreichung und Nachrang des Normtextes. Diese Interpretationsmethode ist auch im vorliegenden Fall anzuwenden, denn Art. 87 I GG gibt der Post eine öffentliche Zielsetzung. Sie kann hinsichtlich einer Veränderung der Tätigkeitsbereiche der POSTBANK wichtig werden[121], weil mit der verfassungsrechtlichen Organisation der Bundespost und der POSTBANK eine Verwaltungsorganisation errichtet werden sollte, die eine Aufgabe der Daseinsvorsorge erfüllen soll. Solche

---

[119] *Großfeld*, Postbank, S. 22 f.

[120] Z.B. BVerfGE 80, S. 315, 333; 79, S. 127, 149 f.; 74, S. 51, 57; S. 102, 116.

[121] Vgl. *Dittmann*, Die Bundesverwaltung, S. 174.

Aufgaben können aber nicht abschließend definiert werden, sondern wechseln mit dem Zustand der Wirtschaftsordnung, den Bedürfnissen der Bevölkerung und den personellen, finanziellen und sachlichen Möglichkeiten des Staates. Das Tätigkeitsfeld einer Bundesverwaltung wird sich deshalb ohne Änderung des Wortlauts der Norm ändern müssen, wenn die ihr aufgetragene Funktion ohne Verschiebungen im Tätigkeitsbereich nicht mehr erfüllt würde, d.h. sobald sich ihr Normbereich verändert[122]. Dieser Gedanke enthielte in der teleologischen Interpretation besonderes Gewicht, wenn sich herausstellen sollte, daß die POSTBANK als öffentliches Unternehmen konzipiert wurde, welches einen Auftrag unter Beteiligung am Wettbewerb im Markt erfüllen soll, denn solche Aufträge sind auf Marktreaktionen angelegt.

6. Offene Verfassungsnormen

Da es sich um die Auslegung von Verfassungsnormen handelt, ist bei Anwendung der Interpretationsmethoden stets die Besonderheit zu beachten, daß Verfassungsnormen grundsätzlich nicht abschließend regeln wollen, sondern offene Normen sind. Sie bilden in der Regel einen weiten Rahmen, der nach politischen Zweckmäßigkeitserwägungen von Vorschriften unterhalb der Verfassung ausgefüllt werden kann. Daraus folgt nicht allein, daß z.B. der Gesetzgeber mit späteren Entscheidungen über Aufbau, Tätigkeit und Funktion der POSTBANK noch Weichen stellen kann, sondern es muß bereits bei der Interpretation der Verfassungsnorm deren grundsätzliche Offenheit berücksichtigt werden. Das mahnt vor allem zur Vorsicht bei der Gewinnung von Regelungsdetails aus Art. 87 I GG; die Vorschrift macht grundsätzlich nur Vorgaben zur Grundsatzfunktion und für das gesamte Tätigkeitsfeld der POSTBANK, beschreibt keine Einzelheiten.

---

[122] Ähnlich das Bundesverfassungsgericht bei der Auslegung des Kompetenzbegriffs der Sozialversicherung E 63, S. 1, 35; 11, S. 105, 111 ff.; DVBl. 1987, S. 941, 942.

III. Grundaussagen der Verfassung zur Tätigkeit der POSTBANK

1. Einbezug der POSTBANK neben der „Gelben" und der „Grauen" Post

a) Nebenaufgabe minderer Legitimation?

Wenn Art. 87 I GG mit dem terminus der „Bundespost" unter Zuhilfenahme des Art. 73 Nr. 7 GG („Post- und Fernmeldewesen") u.a. das verfassungsrechtlich zulässige Tätigkeitsfeld der Post umschreibt, so muß das auch für ihre damaligen Banktätigkeiten gelten, denn sie zählten historisch – auch zur Zeit des Erlasses des Grundgesetzes – zur Post[123]. Ob die „Graue Post" des Fernmeldewesens und die „Gelbe Post" des Brief- und Paketdienstes älter, für die Post bedeutender oder typischer oder vom Umfang her größer sind oder waren, ist dabei belanglos, solange nur zu jener Zeit Banktätigkeiten gleichfalls zur Post zählten. Da damals zweifellos u.a. Postscheck- und Postsparkassentätigkeiten ausgeübt wurden, umfaßt die Aufgabenzuweisung des Art. 87 I GG an die Post auch jene Banktätigkeiten.

Eine Minderung der Verbindlichkeit dieser verfassungsrechtlichen Vorgabe des Art. 87 I GG mittels Erwägungen zur Erheblichkeit und zum Umfang der Banktätigkeiten entbehrt jeglicher verfassungsrechtlichen Legitimation. Die Hervorhebung des klassischen Brief- und Paketdienstes sowie des Fernmeldewesens als Haupt- und die Zurücksetzung der POSTBANK-Tätigkeiten als bloße Nebenfunktion der Bundespost – wie sie zuweilen angenommen wird[124] – sind zur empirischen Ermittlung hinsichtlich Dauer und Quantität postalischer Banktätigkeiten gerechtfertigt, ein normatives Argument zur qualitativen Minderung der verfassungsrechtlich der Post zugewiesenen Aufgabe im Bankwesen bieten sie nicht[125].

Die Begriffe des Typischen, Wesentlichen oder der Hauptfunktionen sowie ihrer Gegensätze sind Ergebnisse von Wertungen aus der Dauer

---

[123] *Schricker*, Wettbewerb, S. 35.

[124] BVerwGE 28, S. 36, 46 f.; *von Mangoldt / Klein*, Das Bonner Grundgesetz, Band III, Anm. III 5 d cc zu Art. 87; *Lerche / Graf von Pestalozza*, Die Deutsche Bundespost als Wettbewerber, S. 36 f., 50, 56, 58; *Ronellenfitsch*, in: *Isensee / Kirchhof* (Hrsg.), Handbuch des Staatsrechts, Band III, S. 1184.

[125] Vgl. für den Postscheckdienst *Fangmann*, Verfassungsgarantie, S. 34 ff. und passim; *Großfeld*, Postbank, S. 42 ff.; *Ossenbühl*, Wirkungskreis, S. 48.

oder dem Umfang einzelner Postzweige und Begriffsbildungen der jeweiligen Autoren, aber nicht Ableitung aus der Verfassung, die solche Differenzierungen nicht zu erkennen gibt. Sobald die historische Auslegung zu dem Schluß kommt, daß ein Dienst überhaupt in Art. 87 I GG anerkannt ist, bleibt ein Versuch, sodann eine Hierarchie der Legitimation unter den Diensten aufzustellen, ohne normative Stütze. Die Verfechter dieser Ansicht führen sie bemerkenswerterweise auch nicht in letzter Konsequenz durch: Nach einer Abwertung des Postgiro- oder des Postsparkassendienstes als Nebenfunktion kommen sie nicht zu dem Schluß, er sei im historischen Bestand überhaupt nicht von Art. 87 I GG legitimiert, weil sie dann u.U. beide Postdienste völlig verwerfen müßten[126], sondern wollen mit dem Begriff der Nebenfunktion lediglich funktionsnotwendige Tätigkeitsverschiebungen der POSTBANK verhindern. Damit wird ohne zusätzlichen normativen Anhaltspunkt die in Art. 87 I GG enthaltene Verpflichtung der Post auf eine Aufgabenerfüllung für diese beiden Dienstzweige unterlaufen.

Die Dienstzweige der Post werden aber, wenn überhaupt, dann unterschiedslos historisch anerkannt. Differenzierungen in Haupt- und Nebenfunktionen zwischen den Dienstzweigen sind nicht zulässig. Sie darf man allenfalls bei belanglosen, zu keinem der postalischen Dienstzweige zählenden Einzelleistungen der Post treffen[127], es können so aber nicht ganze Dienstleistungszweige ausgeschaltet werden. Das gilt vor allem, wenn – wie hier – lediglich die Frage des verfassungsrechtlichen Umfangs der postalischen Banktätigkeiten im Wettbewerb geprüft werden soll, nicht aber die Legitimation und Reichweite eines Monopols oder einer Aufgabengarantie für die Bundespost. Für die Zulässigkeitsfrage bleibt es bei der Feststellung, daß alle herkömmlichen Dienste aus dem Jahre 1948/49 ohne Differenzierungen in Art. 87 I GG verfassungsrechtlich anerkannt wurden.

b) Organisatorische Separierung der POSTBANK

Die Post hat in den genannten Jahren den Postgiro- und Postsparkassendienst zusammen mit den „Gelben" und „Grauen" Diensten in einheitlicher Verwaltungsorganisation wahrgenommen. Postscheck- und

---

[126] Z.B. *Lerche / Graf von Pestalozza*, Die Deutsche Bundespost als Wettbewerber, S. 50 u. 74.

[127] Z.B. der kurzfristig von der Post abgewickelte Verkauf von „Baby-Bonds" oder von Bundesbahnfahrkarten.

Postsparkassenämter waren in die Einheitsverwaltung der Post eingeordnet, die Bankgeschäfte mit den Kunden liefen in erheblichem Umfang über die Schalter der Postämter, an denen zugleich der Brief-, Paket- und Fernmeldeverkehr erledigt wurde. Erst in der Postreform des Jahre 1989 wurde die Deutsche Bundespost nach §§ 1 II, 2 I Postverfassungsgesetz (PostVerfG)[128] in drei Unternehmen mit separierten Sondervermögen, mit einem gemeinsamen Direktorium und unter Aufsicht des Bundesministers für Post und Telekommunikation geteilt. Seitdem existiert die Deutsche Bundespost POSTBANK als eigenständiges Unternehmen mit dem Auftrag, die postalischen Banktätigkeiten zu besorgen.

Die Aufteilung bleibt für die Auslegung des Art. 87 I GG ohne Bedeutung, denn er ordnet die herkömmlichen Aufgaben der Post insgesamt zu, ohne Rücksicht darauf zu nehmen, wie die Post einfachgesetzlich in ihren Verwaltungsunterbau organisiert wird. Die Verfassung regelt nur die Funktion der Bundespost und läßt dem Gesetz- und Verordnungsgeber Raum für die Details. Welche Behörde innerhalb der Post die jeweilige Postaufgabe wahrnimmt, bleibt deshalb dem gesetzgeberischen Ermessen überlassen, solange nur deren Funktionen innerhalb ihrer Verwaltungsorganisation erfüllt werden. Eine gesetzliche Übertragung der Bankgeschäfte auf die POSTBANK ist verfassungsrechtlich unbedenklich, weil sie zur Bundespost zählt. Sie ist als deren Bestandteil in gleicher Weise wie frühere Bankbehörden der Post an die Aufgabennorm des Art. 87 I GG gebunden und kann sich auf diesen Kompetenztitel berufen.

2. Verfassungsrechtliche Anerkennung der herkömmlichen Bargeld-, Postscheck- und Postsparkassendienste

a) Bereiche der POSTBANK-Tätigkeiten

Zu den herkömmlichen Diensten der POSTBANK in ihren hauptsächlichen Tätigkeitsfeldern gehört der Sparkassendienst, der mit der Postsparkassenordnung vom 11.11.1938[129] im Deutschen Reich nach dem Vorbild des ins Reich eingegliederten Österreich eingeführt worden war. Er ist nach dem Zusammenbruch bereits ab Mai 1945 in den Zonen wieder eingeführt worden und hat zur Zeit des Erlasses des Grundgesetzes als ein bedeutender, im Aufschwung begriffener Zweig der Post

---

[128] V. 8.6.1989, BGBl. I S. 1026.

[129] RGBl. I S. 1645 .

existiert. Gleiches gilt für den Postscheckdienst: Er ist erheblich älter, nämlich aufgrund § 2 des Zweiten Nachtragsgesetzes zum Reichshaushalt von 1908[130] durch die Postscheckordnung des gleichen Jahres[131] eingeführt, nach dem Zusammenbruch ebenfalls bereits im Jahre 1945 wieder belebt und seitdem lückenlos bis heute betrieben worden. Noch älter ist der Bargelddienst der Post, der zuerst im Versand von Münzen und Banknoten bestand und später von der Postanweisung u.ä. abgelöst wurde.

Wegen der langen Tradition dieser drei Gelddienste, ihrer frühzeitigen gesetzlichen Normierung, ihrer nahezu lückenlosen Durchführung bis heute kann kein Zweifel darüber bestehen, daß Art. 87 I GG mit der Anerkennung des herkömmlichen Tätigkeitsfeldes der Deutschen Bundespost zumindest auch diese drei Tätigkeitsbereiche umfaßt. Moderner und systematischer ausgedrückt: Die POSTBANK erhält durch Art. 87 I GG nach historischer Interpretation die Kompetenz für das Sparen und den baren und bargeldlosen Zahlungsverkehr, wie er sich seit Dekaden in Gestalt des Postsparkassen- und Postscheckdienstes abgespielt hat.

Für die historische Auslegung bezüglich des Postsparkassendienstes steht dabei nur die unterverfassungsrechtliche Rechtslage und die Staatspraxis zur Verfügung, denn die Art. 6 Nr. 7 und 88 der Weimarer Reichsverfassung (WRV) von 1919 konnten einen 1938 im Deutschen Reich eingeführten Dienst noch nicht berücksichtigen. Art. 87 I GG wollte ihn trotz mangelnder langfristiger Tradition einbeziehen, weil er als eigenständiger, umfangreicher Postdienst bereits bestand, der dem Auge des Verfassungsgebers nicht verborgen geblieben sein konnte; es fehlt zudem jeglicher Anhaltspunkt, Art. 87 I GG habe ihm die Legitimation entziehen wollen[132].

Die Legitimation des baren und unbaren Zahlungsverkehrs läßt sich ebenso nicht unmittelbar mit früheren Verfassungslagen ohne Rückgriff auf Gesetze untermauern, denn keine der vorhergehenden zwei Verfassungen hat die Aufgaben der Post ausdrücklich definiert; sie wurde stets dem Substrat unterverfassungsrechtlicher Rechtssätze und der Staatspraxis entnommen. Nach diesen fiel die Abwicklung von Geldgeschäften

---

[130] Vom 18.5.1908, RGBl. S. 179.

[131] RGBl. S. 587.

[132] Die Legitimation des historischen Bestandes wird auch von den Kritikern der Postbankdienste eingeräumt; vgl. z.B. *Lerche / Graf von Pestalozza*, Die Deutsche Bundespost als Wettbewerber, S. 64.

stets unter die Postkompetenz[133]. Einig war man sich jeweils, daß die Verfassungen von 1871 (Art. 4 Nr. 10, 48 bis 52) und 1919 jeweils das Werk ihrer Vorgänger fortführen wollen[134].

Die Überlegung, die Art. 88 Abs. 1 und 6 Nr. 7 WRV, die von Gesetz- und Verwaltungskompetenzen für „das Post- und Telegraphenwesen einschließlich (bzw. samt dem) des Fernsprechwesens" handeln, hätten von zwei wesentlichen Neuerungen aus der Zeit zwischen 1871 und 1919, nämlich dem Fernsprech- und dem Postscheckverkehr, nur den einen erwähnt und somit den anderen, hier den Giroverkehr, nicht verfassungsrechtlich sanktioniert[135], überzeugt nicht. Zum einen ist dieser Gedanke neueren Datums und von der für die historische Auslegung wesentlichen damaligen Staatspraxis und Lehre nicht aufgegriffen worden. Er kann sich zudem nur auf den Wortlaut berufen. Dieser läßt aber mehrere Alternativen offen. Bei solcher Ausgangslage ist zur Interpretationsentscheidung jedoch der Wortlaut nicht mehr ausreichend; es müssen weitere Gesichtspunkte herangezogen werden, die bloße Möglichkeit, den Text derartig auszulegen, reicht nicht aus[136]. Da andere Gründe, z.B. die soeben erwähnten historischen Fakten, der Übergang vom baren zum bargeldlosen Zahlen und das Konzept einer unternehmerischen Funktion der Post im Girobereich – damals unter dem Begriff der Reichsverkehrs- oder -leistungsanstalt verborgen[137] – für die Einbeziehung des Giroverkehrs in die Post sprechen, ist von dessen Legitimation durch Art. 6 und 88 WRV auszugehen. Die Erwägung führt auch zu dem systematisch schwer erklärbaren Ergebnis, daß von zwei nebeneinander und unterschiedslos in Art. 6 und 88 WRV aufgeführten Verwaltungsbereichen der eine nach der Rechtslage, die sich nach 1871 ergeben hat, unter Einschluß des Fernsprechwesens zu umgrenzen wäre, der andere jedoch die Rechtslage aus dem Jahre 1871 fixieren würde und damit den Giroverkehr unbeachtet ließe.

---

[133] Z.B. *Lassar*, in: *Anschütz / Thoma* (Hrsg.), Handbuch, Band I, S. 351.

[134] Z.B. *Anschütz*, Verfassung des Deutschen Reiches, Anm. 2 zu Art. 88; *Gebhard*, Handkommentar, Anm. 2 a zu Art. 88.

[135] So *Lerche / Graf von Pestalozza*, Die Deutsche Bundespost als Wettbewerber, S. 48 ff.

[136] So ausdrücklich BVerfGE 74, S. 51, 57; S. 102, 116.

[137] Dazu s. S. 51 f.

b) Modalitäten der POSTBANK-Tätigkeiten

Die historische Auslegung gibt auch Hinweise auf die Art der Aufgabenerfüllung. Postscheck- und Postsparkassendienste sind reichs- oder bundesweit im standardisierten Massengeschäft für jedermann wahrgenommen worden. Chiffren für diesen Befund bieten die Begriffe: Kleinsparerversorgung, Formularbindung, Standardisierung, flächendeckendes Massengeschäft, Kontrahierungszwang, Vordruckstrenge[138], die alle aus unterschiedlicher Perspektive Ähnliches vermitteln wollen. Will man anhand solcher termini geschichtliche Eigentümlichkeiten der POSTBANK herausfiltern, so stößt man zuerst auf Begriffe, die auf alle Banken passen und deswegen keinen definitorischen Ertrag zur Erkenntnis der POSTBANK-Kompetenz bieten können: Fast jede Bank betreibt heute Massengeschäfte mit Kleinsparern oder benutzt Vordrucke und Formulare. Diese Bezeichnungen charakterisieren alle Banktätigkeiten, nicht ausschließlich jene, die von der POSTBANK wahrzunehmen sind.

Die erwähnten termini enthalten aber drei Besonderheiten, die gerade die POSTBANK bei der Aufgabenwahrnehmung kennzeichnen: Sie wird über das gesamte Bundesgebiet tätig[139], steht unter Kontrahierungszwang[140] und betreibt ihre Geschäfte nach standardisierten Konditionen[141]. Dieser lückenlose historische Befund – die Post hat Bankgeschäfte niemals anders betrieben! – berechtigt zur Annahme, Art. 87 I GG erwarte dies auch rechtlich nunmehr von der POSTBANK; die Verfassungsvorschrift überträgt nicht nur Aufgaben, sondern zeichnet auch in einigen groben Zügen deren Modalitäten vor.

Dieser historische Befund begründet eine Rechtsbindung, die sich – im Vorgriff auf das später gefundene Ergebnis der teleologischen Auslegung – ebenso aus dem Charakter der POSTBANK als Bundeseinrichtung zur Daseinsvorsorge ableiten ließe, welche die Nachfrage von Wirtschaft und Privaten nach Bankleistungen decken soll. Das Bedürfnis besteht bundesweit und muß von einer Bundeseinrichtung im entsprechenden territorialen Umfang befriedigt werden. Es ist bei jedermann zu vermuten, so daß die Einrichtung für jeden nach seiner Initiative offen

---

[138] Z.B. *Hahn*, Die Postbank, S. 85 f.

[139] Z.B. *Herrmann*, Die Deutsche Bundespost, S. 156; *Ferdinand Kirchhof*, Gebührenflexibilität, S. 92.

[140] § 8 PostG; vgl. *Herrmann*, Die Deutsche Bundespost, S. 157 f.; *Laband*, Deutsches Reichsstaatsrecht I, S. 222; *Zorn*, Staatsrecht II, S. 276 und 278.

[141] *Großfeld*, Postbank, S. 87 ff.; *Laband*, Deutsches Reichsstaatsrecht I, S. 223.

stehen und im Kontrahierungszwang rechtlich offengehalten werden muß. Als infrastrukturelle Grundversorgung der Wirtschaft und der Bevölkerung und als der Gleichheit verpflichtete Einrichtung für alle geht die POSTBANK in standardisierten Konditionen vor, d.h. sie gibt Bankleistungen nach generell und abstrakt geregelten Konditionen (den früheren Benutzungs- und Gebührenordnungen nach Art. 80 II GG und § 14 PVerwG, heute nach ihren AGB) ab, ohne individuell ausgehandelte, materiell von ihren allgemein angebotenen Bedingungen abweichende Bankgeschäfte zu tätigen[142].

3. Typische Funktion der POSTBANK nach Art. 87 I GG

Die historische Auslegung nach den herkömmlichen Diensten zeigt nicht nur einen verfassungslegitimierten Bestand an POSTBANK-Tätigkeiten auf, sondern hilft neben der Beschreibung eines sachlich gegenständlichen Tätigkeitsfeldes auch bei der Auffindung des Normsinns, durch den der Organisation Bundespost eine Funktion zugewiesen wird, die ihre Aufgabenerfüllung unter veränderten Umständen auch für die Zeit nach Normerlaß steuern kann. Bei dieser teleologischen Auslegung zur Ermittlung des Verfassungsauftrags an die Bundespost muß allerdings, um der Norm nicht extern hervorgebrachte Inhalte unterzuschieben oder aus Unwesentlichem einen Funktionsauftrag zu kreieren, auf die Dienstzweige der POSTBANK und deren typischen Funktionen abgestellt werden. Damit wird nicht der zuvor abgelehnten Abwertung der POSTBANK-Leistungen als angeblichen Nebenfunktionen doch das Wort geredet, sondern die teleologische Auslegung auf eine normative Zwecksetzung an die Post ausgerichtet, die alle Dienstzweige gleich bewertet, lediglich zufällige und offensichtlich unbedeutende Zusatzleistungen aus den Jahren 1948/49 nicht zur Funktionsbestimmung heranzieht.

Die Post hatte nach der historischen Auslegung in Art. 87 I GG den Auftrag erhalten, im Bankbereich die drei genannten Tätigkeitsbereiche des Sparens und des baren und bargeldlosen Zahlungsverkehrs wahrzunehmen. Analysiert man den durch die Organisation der Bundespost und der historisch ermittelten Haupttätigkeitsfelder der POSTBANK vorgezeichnete Funktion der Postbank, so treten drei Elemente hervor, die ihre typische Funktion hinreichend genau beschreiben und rechtlich charakterisieren können: Der Bundespost ist in Art. 87 I GG die Aufgabe der Daseinsvorsorge (a) in den Bereichen den Sparens und des

---

[142] Im Ergebnis ähnlich *Hahn*, Die Postbank, S. 85 f.

baren oder bargeldlosen Zahlungsverkehrs (b) als öffentliches Unternehmen im Wettbewerb (c) übertragen worden.

a) Aufgabe der Daseinsvorsorge: Funktion der Bedürfnisbefriedigung

Mit Daseinsvorsorge bezeichnet man üblicherweise die Leistungsverwaltung zur Sicherung und Verbesserung menschlicher Existenzbedingungen[143]. Meist betreibt der Staat erst dann Daseinsvorsorge, wenn Individuum oder gesellschaftliche Selbstorganisation dazu nicht mehr oder nicht in ausreichendem Maße fähig sind. Die Daseinsvorsorge ist eine immer mehr in den Vordergrund tretende Erscheinungsform moderner Verwaltung. Mit dem Begriff wird aber ein empirischer Befund der heutigen Leistungsverwaltung gekennzeichnet, es handelt sich nicht um ein in Inhalt und in Folgen zweifelsfrei gesichertes Rechtsinstitut, obwohl er mittlerweile in etlichen Gesetzen auftaucht[144]. Deshalb ist er ohne nähere Klärungen nicht zur Funktionsbeschreibung der POSTBANK tauglich; rechtliche Konsequenzen können aus ihm erst gezogen werden, wenn die Verwaltungstätigkeit in ihren Zielsetzungen und Aufgabenfeldern anderweitig präzisiert worden ist, wie das hier mit den beiden weiteren Elementen (vgl. dazu b und c) geschieht. Dann muß der Begriff Daseinsvorsorge nämlich nicht mehr einen Aufgabenbereich gegenständlich umschreiben – wozu er nicht tauglich ist –, sondern kann sich darauf beschränken, die Modalitäten der Verwaltungstätigkeit auszudrücken.

Der inhaltlich sonst offene Begriff der Daseinsvorsorge weist nach Klärung des Aufgabenbereichs mittels weiterer Elemente darauf hin, daß die Verwaltung hier leistend oder betreuend nach den Bedürfnissen des Individuums oder der Gesellschaft tätig wird. Damit wird festgelegt, daß das Ziel der anderorts umschriebenen Verwaltungstätigkeiten die Befriedigung individueller oder gesellschaftlicher Bedürfnisse ist. Das bedeutet zugleich, daß diese Zielrichtung der Leistungen staatlichen Verwaltens zugleich die zulässigen Tätigkeitsbereiche der damit beauftragten Verwaltungsorganisation verschieben kann, sofern sich die individuellen oder gesellschaftlichen Bedürfnisse ändern, denn das zur Erreichung gesteckte Ziel würde verfehlt, wenn trotz geänderter Bedürfnisse die Verwaltung in die gleiche Richtung weiterarbeiten würde. Die aufgegebene Funktion

---

[143] Zu diesem Begriff und seinen Grenzen *Badura*, Das Verwaltungsmonopol, S. 187 ff.

[144] So z.B. gerade in § 4 I 3 PostVerfG.

zur Daseinsvorsorge verpflichtet zur Zielerreichung, begrenzt nicht einen gegenständlich zu umschreibenden Kompetenzbereich[145].

Die Post ist als Leistungsverwaltung zum Wohle der Wirtschaft und ihrer Kunden tätig[146]. Sie bietet ihre Leistungen flächendeckend, an jedermann, bedürfnisorientiert an und hält existenznotwendige Infrastruktur vor. Dieser Auftrag zur Daseinsvorsorge ist – in seinem damaligen Gehalt und, weil der Begriff neueren Ursprungs ist, mit anderen Worten – als Leistungsauftrag schon von den vorangehenden Verfassungen anerkannt worden. Das ergibt sich zum einen aus ihrer Aufgabe, das Publikum mit Post- und Telegraphenleistungen zu bedienen. Sie war deshalb in der Reichsverfassung von 1871 als „einheitliche Staatsverkehrsanstalt"[147] verfassungsrechtlich vorgesehen; die Weimarer Verfassung enthält zwar diese Bezeichnungen nicht, wollte aber nach herrschender Lehre daran nichts ändern[148]. Die Reichspost galt seit 1869 geradezu als Typ einer Anstalt[149]. Darunter verstand man meistens, unter dieser Aufgabenstellung sogar stets eine Einrichtung, „die dem Publikum, den vielen Einzelnen, jedem für sich, Vorteile gewährt und Dienste leistet"[150]. Das umschreibt mit dem Vokabular jener Zeit den heutigen Tatbestand der Daseinsvorsorge. Wegen des damals noch ungewohnten Leistungsauftrags an die Verwaltung gab es verschiedentlich Hinweise, daß die Post eigentlich Aufgaben erfülle, die ebenso ein Privater ausfüllen könne[151], daß die Post Frachtgeschäfte wie ein Privater betreibe[152], und zum bekannten Streit über die Einordnung der Benutzungsverhältnisse unter ziviles oder öffentliches Recht. Sie fußen letztlich auf dem zu jener Zeit weder vollständig erkannten noch schlagwortartig

---

[145] Dies wird von *Feigenbutz*, Bindungen, S. 97-106, nicht genügend gewürdigt.

[146] So auch § 4 I 1 und 3 PostVerfG.

[147] Art. 48 I RV; so auch *Fülster*, Deutsches Reichsstaatsrecht, S. 677.

[148] *Anschütz*, Verfassung des Deutschen Reiches, Anm. 2 zu Art. 88; *Gebhard*, Handkommentar, Anm. 2 a und 4 c zu Art. 88; *Poetzsch-Heffter*, Handkommentar der Reichsverfassung, Anm. 1 zu Art. 88.

[149] *Bühler*, in: *Anschütz / Thoma* (Hrsg.), Handbuch, Bd. I, S. 597.

[150] So *Mayer*, Verwaltungsrecht II, S. 269, unter ausdrücklichem Bezug auf die Post. Ähnlich *von Seydel*, Verfassungs-Urkunde, S. 285, mit dem Begriff der öffentlichen Verwaltungseinrichtung.

[151] *Zorn*, Staatsrecht II, S. 256.

[152] Vgl. Art. 421 II des vormaligen HGB, der diese Postgeschäfte den Frachtgeschäften zuordnete, dann §§ 452, 663 HGB, die das ausschlossen. Zum Streit vgl. *Laband*, Deutsches Reichsstaatsrecht I, S. 224 f.; *Zorn*, Staatsrecht II, S. 259.

ausgeformten Phänomen, das wir heute mit dem Begriff der Daseinsvorsorge erfassen.

Heute erfüllt die Post unstreitig eine Aufgabe der Daseinsvorsorge[153]. Faßt man den Auftrag zur Daseinsvorsorge (im Vorgriff auf die unter (b) erörterten Funktionen des Sparens und des Zahlungsverkehrs) für die POSTBANK deutlicher, so verpflichtet der Auftrag zur Daseinsvorsorge die POSTBANK, die Bedürfnisse der Bevölkerung und der Wirtschaft in diesen beiden Bereichen zu befriedigen. Das verpflichtet sie über die konkrete Betreuung der individuellen Vorgänge des Zahlungsverkehrs oder des Sparens hinaus z.B. allgemein auch zur Errichtung einer entsprechenden geldwirtschaftlichen Struktur, die dem Publikum Giro- und Sparverkehr ermöglicht. Das ist vor allem im Bereich des Zahlungsverkehrs wichtig; hier kommt der POSTBANK u.a. die Aufgabe zu, ein bundesweites Reservegiralnetz vorzuhalten, das auch bei Ausfall der privatrechtlich betriebenen Netze zur Befriedigung der Bedürfnisse der Bevölkerung und der Wirtschaft lebensnotwendig ist und bei einem Versagen des Geldmarktes die Grundversorgung des Giromarktes sicherstellen kann. Zugleich enthält der Auftrag zur Daseinsvorsorge in Verbindung mit dem Sozialstaatsgebot u.a. die Legitimation, eine den Individualbedürfnissen vor allem der weniger Bemittelten oder der „Kleinsparer“ angemessene Preispolitik im Bankwesen zu betreiben[154]. Das Element der Daseinsvorsorge bezeichnet aber allein – wie oben ausgeführt – die Modalitäten und Zielrichtungen der durch weitere Merkmale sachlich festgelegten Verwaltungstätigkeit und die Verpflichtung zur Flexibilität bei der Erfüllung des Auftrags, wenn sich die Bedürfnisse verschieben.

---

[153] Zum Daseinsvorsorgeauftrag der Post vgl. z.B. VGH Bad.-Württ., NJW 1990, S. 2145, 2148; *Badura*, Das Verwaltungsmonopol, S. 199; *Lerche*, in: FS für Klaus Obermayer, S. 75, 80; *Wiechert*, Jahrbuch der Deutschen Bundespost 1986, S. 119, 123 f.; *Ronellenfitsch*, in: *Isensee / Kirchhof* (Hrsg.), Handbuch des Staatsrechts III, S. 1189.

[154] Die aktuelle Notwendigkeit zur Daseinsvorsorge und die daraus folgende Legitimation zur Preispolitik wird für die öffentlichen Sparkassen in BVerfGE 75, S. 192, 199 f. anerkannt. Vgl. ferner *Großfeld*, Postbank, S. 46.

b) Bereichsbestimmung: Sparen; barer und bargeldloser Zahlungsverkehr

aa) Sparen

Mit der Anordnung zur Übernahme des Sparkassendienstes auf das gesamte Gebiet des Deutschen Reiches im Jahre 1938 wurde der Post der Auftrag erteilt, Einlagen auf Sparkonten entgegenzunehmen, zu verwalten und wieder auszuzahlen. Trotz ihrer Herkunft aus der NS-Zeit ist diese Vorschrift nicht fragwürdig[155], denn sie enthält kein Gedankengut jener Zeit, sondern technisches Bankorganisationsrecht; die Norm erstreckt nur das in Österreich unter anderen Verhältnissen gewachsene Postsparkassensystem auf das Deutsche Reich. Zudem wurde der Sparkassendienst in der Besatzungszeit in derselben Weise weitergeführt, ohne daß jemand auf den Gedanken gekommen wäre, dabei unter den Augen der Besatzungsmächte normativ verfestigte NS-Ideologie weiterzubetreiben.

Reduziert man die nach der allgemeinen Bedeutung des Begriffs des Sparens und nach der bisherigen Sparkassentätigkeit der Post vorgefundenen, mannigfaltigen Sparformen auf ihre wesentlichen Elemente, so läßt sich das Sparen als Entgegennahme und Verwaltung fremden Geldes definieren, das später zum Nominalwert wieder zurückgegeben und meist verzinst wird[156]. Der so definierte Bereich des Sparens gehört zur den Funktionen der POSTBANK.

Neben der positiven Aufgabenzuweisung an die POSTBANK lassen sich daraus weitere Schlüsse ziehen: Zum einen wird gerade im Bereich des Sparens klar, daß die Funktionen der POSTBANK nicht mit der Transportfunktion für verkörperte oder körperlose Nachrichten des Brief-, Paket- und Fernmeldedienstes der Post gleichgesetzt werden dürfen, sondern daß es POSTBANK-Funktionen gibt, die mit diesen für die beiden anderen Zweige typprägenden Transportfunktionen nichts gemeinsam haben[157]. Sparen transportiert nichts, sondern „parkiert" und verzinst lediglich Geld. Weil der mittlerweile 52 Jahre dauernde Post-

---

[155] So aber *Lerche / Graf von Pestalozza*, Die Deutsche Bundespost als Wettbewerber, S. 52 (im Gegensatz zu ihrer Ansicht zum G zur Vereinfachung und Verbilligung der Verwaltung von 1934, S. 93).

[156] Zu neuen Definitionen in einer gewandelten Bankenwelt vgl. *Steiner*, Lebensgestaltung, S. 8 und 10 ff.

[157] *Großfeld*, Postbank, S. 45; s. aber *Ossenbühl*, Wirkungskreis, S. 44.

sparkassendienst in seinem bisherigen Bestand historisch und verfassungsrechtlich legitimiert ist, darf die teleologische Auslegung zur Ermittlung der Funktion der POSTBANK nicht über eine Anlehnung an die für die beiden anderen Postzweige typischen Transportfunktionen den POSTBANK-Auftrag reduzieren. Würde man die Transportfunktion für wesentlich erklären, hieße das zugleich den Sparkassendienst trotz langjähriger Tradition und unzweifelhaften verfassungsrechtlichen Aufgreifens in Art. 87 I GG in Bausch und Bogen für rechtswidrig zu erklären[158].

Zweitens grenzt das Element des Sparens – zumindest zum gegenwärtigen Zeitpunkt und ohne Berücksichtigung zukünftiger, jetzt noch nicht sicher vorauszusagender Entwicklungen im Sparverkehr – von zwei anderen üblichen Geschäftsarten des Bankenverkehrs ab, die bis heute der POSTBANK nicht zugänglich sind. Die POSTBANK darf an ihre Kunden keine Kredite vergeben[159], denn das wäre gerade der Gegensatz zum Sparverkehr; statt der Hereinnahme von Einlagen und deren zinsbringender Anlage würde die Bank Geld ausleihen und damit ihrerseits Zinsgewinne erstreben.

Ferner ist es für das Sparen wesentlich, daß die Einlage später zum Nominalwert wieder in gleicher Höhe ausgezahlt und daß ein eventueller Zins am Anfang fest vereinbart wird. Das grenzt das Sparen von den Spekulationsgeschäften ab, die nicht (oder nicht nur) auf Geldeinlage und Verzinsung aus sind, sondern zugleich mit dem Wert der Einlage, z.B. durch Aktien, in der Weise auf den Markt gehen, daß sie über Veränderungen dieses Wertes weiteren Gewinn erzielen wollen, und die statt eines fest vereinbarten Kapitalertrags eine unsichere, weil auf nicht voraussehbarem Geschäftserfolg beruhende Rendite anstreben.

Mit der Funktionsbestimmung des Sparens für die Post ist noch nichts ausgesagt über die Zulässigkeit von Effektengeschäften im Sinne des KWG. Ob mit bestimmten Wertpapieren gespart, kreditiert oder spekuliert wird, entscheidet sich nach den oben aufgezeigten materiellen Kriterien; die Tatsache einer eventuellen Verkörperung des Sparvorgangs ist

---

[158] Insoweit widersprüchlich *Lerche / Graf von Pestalozza*, Die Deutsche Bundespost als Wettbewerber, die einerseits die Transportfunktion für definitionswesentlich halten (S. 50), andererseits in Art. 87 I GG eine Stütze für das historisch vorgefundene Postbankwesen im geschichtlichen Bestand der Leistungsarten sehen (S. 64 f.), d.h. auch das Sparen einbeziehen.

[159] *Herrmann*, Die Deutsche Bundespost, S. 194; *Rupp*, Verfassungsrechtliche Aspekte, S. 28; *Ossenbühl*, Wirkungskreis, S. 72.

Zutat, die die Einordnung nicht ändert. Mit dem Begriff des Effektengeschäfts wird in § 1 I Nr. 4 KWG nur entsprechend der andersartigen Zielrichtung des KWG[160] das für die Bankenaufsicht wichtige Thema der wertpapierrechtlichen Verkörperung des Sparens, Kreditierens oder Spekulierens aufgegriffen, aber keine inhaltliche Bestimmung der Geldbeziehungen zwischen Kunde und Bank getroffen.

bb) Zahlungsverkehr

Als zweiter Bereich zulässiger postalischer Tätigkeit ist der bare und bargeldlose Zahlungsverkehr zu nennen. Während der bare Zahlungsverkehr entsprechend der Tendenzen im gesamten Geld- und Bankensystem abnimmt, wird der bargeldlose Zahlungsverkehr, heute als Giroverkehr bezeichnet, immer wichtiger. In dieser zweiten typischen Funktion nähert sich die POSTBANK wieder der Transportfunktion der beiden anderen Zweige der Post, weil sie den Geldtransport betreibt[161]. Wird der Zahlungsverkehr in derselben Methode wie beim Begriff des Sparens auf seine Grundelemente zurückgeführt, so kann man darunter den Geldtransport zwischen Personen verstehen; im Unterfall des bargeldlosen Zahlungsverkehrs umfaßt das auch das Bereitstellen der technischen Träger des Giralverkehrs, d.h. der Anweisungen, Schecks u.ä., auch wenn sie, isoliert gesehen, zur Giralgeldschöpfung führen können. Im Zusammenwirken mit dem Element der Daseinsvorsorge enthält die Aufgabe des bargeldlosen Zahlungsverkehrs einen Auftrag an die Post, Bürger und Wirtschaft entsprechend ihren Bedürfnissen den Giroverkehr anzubieten; es umgreift ferner die Pflicht der POSTBANK, ein bundesweites Reservegiralnetz zur Verfügung zu stellen, das jedem unter Kontrahierungszwang zur Benutzung steht, die lebensnotwendige Grundversorgung bundesweit sichert und funktionsfähig ist.

---

[160] § 6 II KWG.

[161] *Lerche / Graf von Pestalozza*, Die Deutsche Bundespost als Wettbewerber, S. 46, wollen statt der Beförderungsfunktion die Teilnahme am Zahlungsverkehr gleich anderen Banken in den Vordergrund stellen und damit das Postfremde im Giroverkehr hervorheben. Die Tatsache einer gleichartigen Tätigkeit Dritter schließt jedoch die Beförderungsfunktion nicht aus.

c) Bewegungsräume: Öffentliches Unternehmen im Wettbewerb

aa) Historischer Ansatzpunkt: Reichspostfinanzgesetz und Gesetz zur Vereinfachung und Verbilligung der Verwaltung

Die Bundespost soll sowohl in ihren Banktätigkeiten wie auch in den beiden anderen Postzweigen als öffentliches Unternehmen im Wettbewerb am Markt tätig werden. Dieser für ihre Verwaltungstätigkeit bedeutsame Umstand läßt sich historisch am deutlichsten anhand der Postgesetze, die in diesem Jahrhundert erlassen wurden, aber auch in den Vorläuferverfassungen darstellen. Art. 48 I RV sah die Post als „einheitliche Staatsverkehrsanstalt" vor; die Weimarer Verfassung hat das unausgesprochen übernommen[162]. Damit war eine abgegrenzte Verwaltungsorganisation speziell für Postzwecke geschaffen worden[163], die vom Reichspostfinanzgesetz 1924 noch energischer auf betriebswirtschaftliche Ziele ausgerichtet wurde. Sie mußte sich nach Art. 49 S. 2 RV mit ihren eigenen Einnahmen finanzieren, unterlag also dem Grundsatz der Eigenwirtschaftlichkeit[164], und hatte ein getrenntes Vermögen. Sie sollte sich bis zum Erlaß der WRV privatrechtlich, teilweise im Wettbewerb mit anderen betätigen. Sie wies also alle Merkmale eines öffentlichen Unternehmens auf[165].

Das Reichspostfinanzgesetz vom 18. März 1924[166] ließ an der Eigenschaft der Post als öffentlichem Unternehmen dann auch in der Begrifflichkeit keinen Zweifel mehr[167]. § 1 sprach von einem „selbständigen

---

[162] *Anschütz*, Verfassung des Deutschen Reiches, Anm. 2 zu Art. 88; *Gebhard*, Handkommentar, Anm. 2 a und 4 c zu Art. 88; *Poetzsch-Heffter*, Handkommentar der Reichsverfassung, Anm. 1 zu Art. 88.

[163] Ab 1871 bildete das Post- und Telegraphenwesen zwei Abteilungen des Reichskanzleramts, 1875 wurde es herausgelöst und als eigene Verwaltungseinrichtung von einem Generalpostmeister geführt, dem 1880 der Titel eines Staatssekretärs verliehen wurde. VO v. 22.12.1875, RGBl. S. 379, und Erlaß v. 23.2. 1880, RGBl. S. 25. Vgl. *von Seydel*, Verfassungs-Urkunde, S. 288; *Fülster*, Deutsches Reichsstaatsrecht, S. 514.

[164] *Poetzsch-Heffter*, Handkommentar der Reichsverfassung, Anm. 1 zu Art. 88.

[165] Laut *Bühler*, in: *Anschütz / Thoma* (Hrsg.), Handbuch, Bd. I, S. 597, war sie bis 1924 ein „Regieunternehmen des Reichs".

[166] RGBl. 1924, I, S. 287.

[167] Das Gesetz steigerte den Unternehmenscharakter der Post erheblich; *Gebhard*, Handkommentar, Anm. 4 a und c zu Art. 88; *Lassar*, in: *Harms* (Hrsg.),

Unternehmen" als getrenntem „Sondervermögen der Deutschen Reichspost", übertrug den Mitgliedern des Verwaltungsrats in § 4 die Pflicht, „ihre Obliegenheiten mit der Sorgfalt eines ordentlichen Geschäftsmanns zu erfüllen", legte in § 7 fest, daß die Reichspost ihre Ausgaben durch ihre eigenen Einnahmen decken müsse und verlangte in § 11 eine „Jahresrechnung nebst Gewinn- und Verlustrechnung".

Entsprechend war die Deutsche Reichspost gleich einem privaten Unternehmen organisiert. Die Begründung zum Entwurf eines Reichspostfinanzgesetzes[168] sah deshalb vor, die öffentliche Aufgabe in der Weise wahrzunehmen, daß der Reichspost „die größtmögliche, dem Privatbetriebe bis zu einem gewissen Grade nachgebildete Bewegungsfreiheit und Beweglichkeit verschafft werde. Dieses Ziel soll durch das Reichspostfinanzgesetz erreicht werden." Hierdurch wurde der Reichspost der Betrieb eines öffentlichen Unternehmens aufgegeben. Mit dieser Neuerung wollte man den vormaligen Zustand vermeiden, daß es „nicht möglich war, ihren Betrieb nach kaufmännisch-wirtschaftlichen Grundsätzen zu leiten und insbesondere die von ihr für erforderlich gehaltenen, den jeweiligen Verhältnissen angepaßten Maßnahmen überhaupt oder schnell genug durchzuführen"[169]. Deutlicher kann man das Ziel eigenwirtschaftlicher Marktbeteiligung, schneller Reaktionen auf Marktverhältnisse und damit den Unternehmenscharakter der Post kaum ausdrükken. Die normative Durchsetzung dieses Zieles war das Hauptanliegen des Reichspostfinanzgesetzes[170]; da es verfassungsändernde Kraft besaß – Art. 88 WRV wurde teilweise ausdrücklich derogiert[171] – hat es den Unternehmenscharakter der Post mit besonderer normativer Stärke verankert.

1934 wurde das Reichspostfinanzgesetz aufgehoben und durch die Regeln des 2. Kapitels des Gesetzes zur Vereinfachung und Verbilligung der Verwaltung ersetzt[172]. Dieses galt – mit einer Änderung von 1937, die einen beratenden Beirat einführte, der bei grundsätzlichen und be-

---

Recht und Staat, S. 207, 231; *Poetzsch-Heffter*, Handkommentar der Reichsverfassung, Anm. 1 und 2 zu Art. 88.

[168] RT-Drs. 1. Wahlperiode 1920/24, Nr. 6590, S. 5.

[169] RT-Drs. Nr. 6590, S. 4.

[170] Vgl. *Dittmann*, Die Bundesverwaltung, S. 48.

[171] § 15 RPFG.

[172] G.v. 27.2.1934, RGBl. I, S. 130.

sonders wichtigen Angelegenheiten beteiligt werden konnte[173] – auch zur Zeit des Erlasses des Grundgesetzes[174]; es ist erst im Jahre 1953 durch § 36 Nr. 1 des Gesetzes über die Verwaltung der Deutschen Bundespost (PVerwG) außer Kraft getreten[175]. Dieses Gesetz hat den Rechtscharakter des öffentlichen Unternehmens für die Post grundsätzlich nicht geändert; es bezeichnet sie lediglich nicht mehr ausdrücklich so. Das Gesetz sollte – so auch sein Titel – u.a. die Verwaltung von Post, Bahn und Finanzwesen vereinfachen. Es war also dem Ziel einer strafferen Organisation gewidmet, ohne die postalischen Aufgaben zu wechseln.

Das belegt auch die weitergeführte Verwendung von Begriffen und Institutionen, die ein öffentliches Unternehmen kennzeichnen. Darunter versteht man üblicherweise einen Typ staatlicher Organisationen, der eine von der sonstigen Hoheitsverwaltung separate Einheit bildet, finanzielle Selbständigkeit, Eigenkapital und einen eigenverantwortlichen Entscheidungs- und Handlungsspielraum besitzt, auf dem Markt Waren oder Dienstleistungen anbietet und zur Eigenwirtschaftlichkeit verpflichtet ist[176]. Dessen Merkmale erfüllte die Post auch nach dem Vereinfachungsgesetz: § 2 verfaßt sie als eigenständiges Sondervermögen und separierte Verwaltungsorganisation und läßt erkennen, daß die Post sich dieses Vermögen selbst „erwerben" soll; es ist ein jährlicher „Geschäftsbericht mit einer Gewinn- und Verlustrechnung und einer Bilanz herauszugeben", also kaufmännisch Rechenschaft zu legen. Da weitere detaillierte Vorschriften zu Aufgabe und Verfassung der Post in diesem knappen Gesetz nicht enthalten sind, kann man davon ausgehen, daß die bisherigen Zustände beibehalten werden sollten[177]. Die Reichspost war demnach als öffentliches Unternehmen konzipiert. 1934 ist der Rechtsbegriff des öffentlichen Unternehmens im Normtext zwar weggefallen; das verbietet ab dieser Zeit eine Herleitung von Rechtsfolgen allein aus diesem Begriff. Die genannten gesetzlichen Bestimmungen gaben jedoch der Post im einzelnen Strukturen und Aufgaben, die sich unter dem

---

[173] G über den Beirat der Deutschen Reichspost v. 10.12.1937.

[174] Es war materiell kein NS-Recht, dem man nach Art. 123 I GG die Fortgeltung hätte versagen müssen; vgl. z.B. *Lerche / Graf von Pestalozza*, Die Deutsche Bundespost als Wettbewerber, S. 93.

[175] V. 24.7.1953, BGBl. I, S. 676.

[176] Vgl. dazu ausführlich *Ferdinand Kirchhof*, Gebührenflexibilität der Deutschen Bundespost, 1988, S. 86 f. mit weiteren Nachweisen in Fn. 158.

[177] *Schilly*, in: *Jeserich / Pohl / v. Unruh* (Hrsg.), Deutsche Verwaltungsgeschichte, Band IV, 1985, S. 936 f., 939.

Etikett des öffentlichen Unternehmens vereinheitlichend zusammenfassen lassen. Nicht der Begriff begründet die Rechtsfolgen, sondern die einzelnen Vorschriften des Gesetzes; jene genügen aber für die normative Aufgabenstellung der Post, die wir heute als Unternehmen charakterisieren.

1948/49 war diese Funktion der Post in historischer Kontinuität[178] auch für deren Banktätigkeiten angeordnet. Sie ist für die Auslegung des Art. 87 I GG entscheidend. Daß der Unternehmenscharakter der Post nicht wie früher expressis verbis gesetzlich verankert war, ist wegen der ihn begründenden Einzelnormen ohne Belang. Zudem spricht neben der Rechtslage auch die Verwaltungspraxis jener Zeit, die ebenfalls für die historische Auslegung erheblich ist, für den Unternehmenscharakter, denn die Post hat damals ebenso die Postscheck- und Postsparkassendienste in der geschilderten Weise betrieben.

Der Hinweis in der Literatur[179], das Reichspostfinanzgesetz sei eventuell ein verfassungsdurchbrechendes Gesetz gewesen – was unter Geltung der Weimarer Reichsverfassung zulässig war –, ändert am gefundenen Ergebnis der Auslegung nichts. Zum einen ist es 1934 vom Vereinfachungsgesetz abgelöst worden; jenes wurde – wie die ausdrückliche Aufhebung in § 36 Nr. 1 PVerwG belegt – auch unter dem Regime des Grundgesetzes als gültig angesehen. Zum anderen bleibt es für die historische Auslegung des Art. 87 I GG belanglos, ob das Reichspostfinanzgesetz unter besonderen Umständen zustandegekommen war, solange es nur überhaupt zur Geltung gekommen ist. Die Verfassungsgeber der Jahre 1948/49 knüpften an die Gesetzeslage an, die sie damals für gegeben hielten. Zu aufwendigen Nachforschungen über eine durch Vermengung von altem Reichs-, zwischenzeitlichem Besatzungs- und neuem deutschen Zonenrecht gekennzeichnete Rechtsordnung bestand weder Zeit noch Anlaß, denn an der generellen früheren Geltung des Reichspostfinanzgesetzes bestand keinerlei Zweifel. Zu diesem, für die historische Auslegung wesentlichen Zeitpunkt war der Charakter des öffent-

---

[178] *Schilly*, in: *Jeserich / Pohl / v. Unruh* (Hrsg.), Deutsche Verwaltungsgeschichte, Band IV, 1985, S. 94; Band V, 1987, S. 516. Für die Zeit vor dem Reichspostfinanzgesetz galt nichts anderes; *Laband*, Staatsrecht III, S. 53, bestätigt, daß vor dem 1. Weltkrieg in allen zivilisierten Staaten die Post gewerbsmäßig betrieben wurde.

[179] *Lerche / Graf von Pestalozza*, Die Deutsche Bundespost als Wettbewerber, S. 90 ff.

lichrechtlichen Unternehmens also normativ angeordnet. Art. 87 I GG hat das übernommen[180].

bb) Kontinuität der späteren Bundesgesetzgebung: Postverwaltungsgesetz und Postverfassungsgesetz

Das Postverwaltungsgesetz von 1953 wollte an die „bewährten und in zehnjähriger Praxis bis 1934 erprobten Vorschriften des Reichspostfinanzgesetzes“ anknüpfen[181], obwohl es den Unternehmenscharakter nicht ausdrücklich im Gesetz niedergelegt hat. Nach der im Postverwaltungsgesetz von 1953 normierten Organisations- und Finanzstruktur und nach ihrem Leistungsauftrag entsprach die Deutsche Bundespost weiter diesem Typus des öffentlichen Unternehmens[182], auch wenn das nicht ausdrücklich angeordnet war; lediglich auf eine eigenständige Unternehmensspitze hatte man verzichtet, weil die Post das für den Staat besonders bedeutsame Nachrichtenwesen wahrnahm[183] und weil das Post- und Fernmeldewesen ein eigenes Ressort bildete, aus dem man die Post nicht entfernen wollte[184]. Sie war als Sondervermögen wieder vom Trägerhaushalt finanziell abgegrenzt, wegen ihrer Teilrechtsfähigkeit organisatorisch separiert, besaß Eigenkapital, sollte nach dem Grundsatz der Eigenwirtschaftlichkeit selbständig wirtschaften, ihren Haushalt in eigener Verantwortung führen und als Dienstleistungsbetrieb außerhalb der Monopole im Wettbewerb tätig werden. Die einfachgesetzliche Rechtslage hatte sich nur in der Weise verändert, daß ihr Unternehmenscharakter nicht mehr mit diesem Begriff normativ verbindlich gemacht wurde, sondern auf Einzelvorschriften fußende Aussage wurde[185]. Die in den Art. 87 I und 73 Nr. 7 GG niedergelegte Möglichkeit zur ausdrücklich begrifflichen Bezeichnung der Deutschen Bundespost als Unternehmen blieb davon freilich unberührt.

---

[180] *Schilly*, in: *Jeserich / Pohl / v. Unruh* (Hrsg.), Deutsche Verwaltungsgeschichte, Band V, 1987, S. 510.

[181] Reg.-Entw. zum PVerwG, BT-Drs. I/3479, Allg. Begründung.

[182] Der Gesetzgeber wollte trotz des teilweise enger an Behördenvorstellungen bindenden Wortlauts die alte Lage übernehmen, so *Herrmann*, Die Deutsche Bundespost, S. 113 f.

[183] S. Begründung des Reg.-Entw. zum PVerwG, BT-Drs. I/3479, Begr. zu § 1.

[184] S. Schriftl. Bericht des Ausschusses für Post- und Fernmeldewesen, BT-Drs. I/4204, C zu § 1; *Herrmann*, Die Deutsche Bundespost, S. 112.

[185] Dazu ausführlich *Ferdinand Kirchhof*, Gebührenflexibilität, S. 86 ff.

Der Entwurf eines Gesetzes über die Unternehmensverfassung der Deutschen Bundespost von 1970 wollte den Unternehmenscharakter in § 1 II wieder normativ verankern[186]. Nach dessen Scheitern[187] bezeichnet erst das Postverfassungsgesetz (PostVerfG)[188] die Post und damit die POSTBANK wieder als öffentliches Unternehmen und wiederholt den dafür charakteristischen Leistungsauftrag. Das belegt nicht nur die in früheren Gesetzen angelegte, von Art. 87 I GG aufgegriffene Kontinuität ein weiteres Mal, sondern liefert zugleich – als aktuell gültiges Gesetz – die normativ verbindlichen, unterverfassungsrechtlichen Grundlagen heutiger POSTBANK-Tätigkeiten.

Nach § 1 I 3 PostVerfG obliegen der Deutschen Bundespost „in Wahrnehmung ihres öffentlichen Auftrags ... unternehmerische und betriebliche Aufgaben des Post- und Fernmeldewesens." Neben den ähnlich bereits im Postverwaltungsgesetz enthaltenen Vorschriften zur organisatorischen und finanziellen Selbständigkeit eines Sondervermögens des Bundes mit eigenem Wirtschaftsauftrag und Selbstfinanzierungsvorgabe finden sich noch weitere klare Festlegungen ihres Unternehmenscharakters. Zum einen bezeichnet das Postverfassungsgesetz die drei Teilbereiche der Post, also auch die POSTBANK, ausdrücklich als öffentliche Unternehmen[189]. Zum anderen fordert z.B. § 12 II 5 PostVerfG, daß die Vorstandsmitglieder der drei Postunternehmen „hervorragende Sachkenner der Unternehmensführung" sein sollen, verpflichtet § 15 I 1 PostVerfG die Vorstandsmitglieder darauf, „das Unternehmen ... mit der Sorgfalt eines ordentlichen und gewissenhaften Geschäftsleiters zu führen", spricht § 15 IV Nr. 2 und 4 PostVerfG von der „Rentabilität des Unternehmens" und fallen im Gesetz die Begriffe „Wirtschaftlichkeitsprüfung" (§ 31 Nr. 2), „betriebswirtschaftliche Grundsätze" (§ 45 II 1), „Sicherung der Wettbewerbsfähigkeit" (§ 50 I Nr. 2 a). Ferner ist nach § 38 PostVerfG ein Wirtschaftsplan nach betriebswirtschaftlichen Grundsätzen aufzustellen, der die Grundlage für die Wirtschaftsführung der Bundespost bildet; das gibt die typische Haushaltsverfassung des öffentlichen Unternehmens wieder.

Vor allem geben aber die Generalvorschriften der §§ 1 I S. 3 und 4 I PostVerfG nunmehr der Post einen eindeutigen und ausdrücklich be-

---

[186] *Hempell*, Postverfassungsrecht, S. 253 f.

[187] Zur Entwicklung und zum Scheitern des Entwurfs s. *Herrmann*, Die Deutsche Bundespost, S. 112 f.

[188] Vom 8. Juni 1989, BGBl. I S. 1026.

[189] Z.B. §§ 1 II, 2 I und II, 3 II, 4, 5 und 6 II PostVerfG.

nannten Unternehmensauftrag. Ihr obliegen nicht nur „in Wahrnehmung ihres öffentlichen Auftrags ... unternehmerische und betriebliche Aufgaben", sondern sie hat auch die „Nachfrage von Bürgern, Wirtschaft und Verwaltung nach Leistungen zu decken", dabei „Markterfordernisse" zu berücksichtigen und sich am „Wettbewerb" zu beteiligen. Das Postverfassungsgesetz hat die Tradition des Reichspostfinanzgesetzes begrifflich wieder aufgenommen und entschiedener fortgeführt. Die einfachgesetzliche Konstituierung der Post in vier Gesetzen belegt die historische Kontinuität ihres Unternehmenscharakters.

cc) Folge: Verpflichtung auf Marktgesetze, Vorrang der Funktion vor der Fixierung der Tätigkeitsfelder

Die Bezeichnung als öffentliches Unternehmen im Gesetz und die Verpflichtung auf unternehmerisches Verhalten und Wettbewerb gebieten der POSTBANK vor allem, sich – nach Maßgabe des öffentlichen Auftrags – von den Leitlinien, nach denen sich die Privatwirtschaft in ihrem wirtschaftlichen Verhalten am Markt lenken läßt, führen zu lassen[190]. Zur Erfüllung der öffentlichen Aufgabe hat sich die POSTBANK auf dem Markt unter Konkurrenten zu bewegen. Da der Markt – idealtypisch gesehen – von den ökonomischen Marktgesetzen regiert wird, läßt sich diese Feststellung auf die Faustformel bringen: Das rechtliche, im Unternehmensauftrag liegende Unternehmensprinzip verpflichtet die POSTBANK, bei ihrer Aufgabenerfüllung den ökonomischen Marktgesetzen zu folgen, die sich aus dem Zusammenwirken von Angebot, Nachfrage und Preis ergeben[191]. Der Post ist damit aufgegeben, sich am Markt zu betätigen, sich dort im Wettbewerb zu behaupten und nach Marktgesetzen vorzugehen. Da sie für eine Daseinsvorsorgeaufgabe geschaffen wurde, nicht als Finanzierungsinstrument des Bundes errichtet wurde, liegt die Grenze für ihr Marktverhalten dort, wo das bloße Gewinnstreben beginnt und die Sachaufgabe das Verhalten der POSTBANK nicht mehr deckt. Bezieht man diesen Unternehmensauftrag konkreter auf das Sparen und den Zahlungsverkehr, so soll die Post in diesem Bereich am Markt in der Weise teilnehmen, daß sie als einer der Marktteilnehmer den Kunden ein wettbewerbsfähiges, sozial verträgliches

---

[190] Vgl. *Lerche / Graf von Pestalozza*, Die Deutsche Bundespost als Wettbewerber, S. 63.

[191] Vgl. dazu und zu den Folgen für ihre Preispolitik *Ferdinand Kirchhof*, Gebührenflexibilität, S. 94 ff.

und die Wirtschaftsstruktur stützendes Angebot macht. Das schließt ein „Mitziehen" bei Marktentwicklungen im Bereich des Sparens und des Giroverkehrs ein.

Die Funktion, die der POSTBANK durch Art. 87 I GG aufgetragen ist, befugt sie, ihre Aufgabe auch dann zu erfüllen, wenn sich das gegenständlich umschriebene Tätigkeitsfeld infolge der Entwicklungen der Bedürfnisse der Kunden oder der Wirtschaft oder wegen sonstiger Veränderungen des Marktes verschiebt[192]. Das wird durch die Aufgabenstellung legitimiert, die die POSTBANK als Unternehmen der Daseinsvorsorge auf die Erreichung eines bestimmten Zwecks verpflichtet, ohne sie auf die historisch in den Jahren 1948/49 abgegrenzten Tätigkeitsbereiche strikt festzulegen. Ihre Tätigkeit richtet sich nach ihrer Aufgabe und Funktion, nicht haben etwa umgekehrt die Tätigkeitsfelder Vorrang und wäre die Funktion, d.h. die Erfüllung der ihr gestellten Aufgabe, subsidiär. Der historische Tätigkeitsbestand von 1948/49 legitimiert zwar die damalige Verwaltungstätigkeit als unstreitige Postkompetenz; ihre ebenso geschichtlich abzuleitende Aufgabenstellung kann diese Tätigkeitsfelder aber verschieben.

Sobald die Aufgabenstellung eine Veränderung der Tätigkeitsbereiche über die historisch vorgefundenen Daseinsvorsorgegebiete hinaus bewirkt, ist freilich bei einer Ausdehnung stets zu prüfen, ob nicht andere verfassungsrechtlich geschützte Güter oder Verfassungsprinzipien Vorrang haben und die ansonsten von Art. 87 I GG gedeckte Tätigkeitsverschiebung verbieten oder begrenzen. Während nämlich das historisch Vorgefundene bereits verfassungsrechtlich abschließend legitimiert ist, weil der Verfassungsgeber die Abwägung mit anderen Verfassungswerten damals selbst vornehmen konnte und mit der Aufgabenstellung im Grundgesetz in abschließender Wertung diese Tätigkeiten der Post zugeordnet hat, ist eine spätere, von der postalischen Funktion geforderte Veränderung der Tätigkeit – sei sie begrenzend oder erweiternd – nicht von der Verfassung selbst abschließend bewertet worden; die Bewertung muß im „Weiterdenken der Verfassung" und im Nachvollziehen aller dort gesetzten Wertungen vom einfachen Gesetzgeber oder den mit der Geschäftspolitik der Bundespost Beauftragten geschehen. So könnten z.B. das Verfassungsprinzip der Erforderlichkeit oder wettbewerbs- oder konkurrenzschützende Grundrechte derartigen Tätigkeitsänderungen aufgrund geänderter Funktion entgegenstehen. Dazu ist eine Einzelabwä-

---

192 A.M. *Lerche/Graf von Pestalozza*, Die Deutsche Bundespost als Wettbewerber, S. 67.

gung mit den jeweils betroffenen anderen Verfassungspositionen notwendig (vgl. dazu S. 102 ff.).

4. Art. 87 I GG als Tätigkeitsberechtigung für Fiskalinteressen?

In Art. 87 I GG wird eine Bundespost organisiert, die damals wie heute von den Einnahmen leben sollte, die sie von ihren Kunden für ihre Leistungen erhält. Diese Selbstfinanzierung nach dem Grundsatz der Eigenwirtschaftlichkeit war für die Post charakteristisch, nur die Entgeltformen wechselten zwischen öffentlichrechtlicher und privatrechtlicher Abgeltung. Wäre in Art. 87 I GG die Post auch als Finanzierungsinstrument zur Gewinnerzielung für den Staat und den allgemeinen Staatshaushalt geschaffen worden, so wäre der Schluß möglich, daß die Post stets dort tätig werden darf, wo sie am Markt Gewinne erzielen kann, solange dies nur in irgendeiner Weise mit dem Begriff Post zu verknüpfen ist. Eine fiskalische Funktion der Post zur Erzielung von Einnahmen für den allgemeinen Staatshaushalt aufgrund verfassungsrechtlicher Anordnung würde die Befugnisse der Post erheblich erweitern.

Einer solchen Annahme stehen aber zwei Argumente entgegen. Zum einen ist die Post historisch in Art. 87 I GG als Instrument der Daseinsvorsorge, also zur Betreuung von Individuen und Gesellschaft mit postalischen Leistungen, geschaffen worden. Vor allem in den Zeiten, als ihr Charakter als Verwaltungsbehörde mehr betont wurde, war es selbstverständlich, daß die Post in erster Linie einen Leistungsauftrag erhalten hatte. Sie war zwar zur Gewinnablieferung in bestimmtem Umfang verpflichtet; diese Verpflichtung beruhte aber nicht auf einer verfassungsrechtlich angeordneten Verfolgung von Fiskalinteressen des Staates, sondern sollte als Ersatz für die fehlende Besteuerung, als Zins für das der Post vom Staat gewährte Grundkapital u.ä. dienen[193]. Auch in den Zeiten, als mehr der Charakter eines öffentlichen Unternehmens betont wurde, war unstreitig, daß dies nur Modalität bei der Verfolgung der öffentlichen Leistungsaufgabe war, d.h. daß die Daseinsvorsorgeaufgabe als öffentlichrechtliche Zielsetzung das Unternehmensinteresse bei eventuellen Kollisionen überlagern sollte.

Zum zweiten steht der Annahme einer verfassungsrechtlichen Anordnung einer Fiskalfunktion an die Bundespost die Überlegung entgegen, daß das allgemeine Finanzierungsmittel für den Staatshaushalt und die

---

[193] Zur wirtschaftlichen und rechtlichen Legitimation dieser Ablieferungen s. *Hempell*, Postverfassungsrecht, S. 205 ff. und 210 ff.

alle betreffenden, allgemeinen Staatsaufgaben nach der Finanzverfassung des Grundgesetzes die Steuer, nicht aber spezielle Entgelte für Einzelleistungen sind. Diese Erkenntnis beginnt sich in der Rechtsprechung vor allem des Bundesverfassungsgerichts und in der finanzrechtlichen Literatur mittlerweile immer deutlicher herauszuschälen und kann mittlerweile als herrschende Meinung bezeichnet werden[194]. Die Finanzierung allgemeiner Staatsaufgaben durch spezielle, privatrechtliche oder öffentlichrechtliche Entgelte für postalische Leistungen würden das wohlausdifferenzierte und ausgewogene System der Finanzverfassung zerstören und entgegen den Intentionen des Grundgesetzes neben die Steuer ein neues Finanzierungsinstrument für den allgemeinen Staatshaushalt stellen.

Im übrigen ist – drittens – anzufügen, daß eine derartige Fiskalfunktion, die sich auf spezielle Entgelte stützt, Probleme der Belastungsgleichheit aufwürfe, denn dann müßten die zufälligen Postkunden in erhöhtem Maße die allgemeinen Staatsaufgaben finanzieren, obwohl das nur – wie ich meine: unzureichend – mit der Zufälligkeit begründet werden könnte, daß sie zur Post in Leistungsbeziehung getreten wären[195]. Es gibt demnach keine Fiskalfunktion der Bundespost, die allein die Gewinnerzielung als ausreichende Legitimation für Tätigkeitsveränderungen der POSTBANK ausreichend erscheinen ließe. Das schließt nicht grundsätzlich aus, daß die Post zur Quersubventionierung, Mischkalkulation, Rücklagenbildung oder Erhaltung der Wettbewerbsfähigkeit Gewinne machen will[196], sondern nur, daß sie ausschließlich zum Ziel der Bereicherung des Staatsetats tätig wird[197].

5. Art. 87 I GG als Vorgabe für die verwaltungs-, nicht aber für privatrechtliche Tätigkeiten der Post?

Art. 87 I GG soll den Staat in seinem hoheitlichen Handeln organisieren. Es wird deshalb die These vertreten, daß mit dieser Verfassungs-

---

[194] Z.B. BVerfGE 55, S. 274, 299; DVBl. 1990, S. 984, 985 f.; *Isensee*, FS für Ipsen, S. 409, 431; *Ossenbühl*, Wirkungskreis, S. 107 f.

[195] Vgl. zu diesem allgemeinen Gebührenproblem *Ferdinand Kirchhof*, Die Höhe der Gebühr, S. 128 ff.

[196] Z.B. VGH Bad.-Württ., NJW 1990, S. 2145, 2147 f.

[197] Allg. zum Gewinnziel der Verwaltung *Ehlers*, Verwaltung in Privatrechtsform, S. 92 ff. und 298.

norm nur die hoheitliche oder verwaltungsprivatrechtliche Tätigkeit der dort angesprochenen Behörden geregelt, deren fiskalische Hilfsgeschäfte oder erwerbswirtschaftliche Tätigkeit aber nicht normiert werden sollten[198]. Das könnte die weitere Überlegung nahelegen, die privatrechtlichen Leistungsangebote der POSTBANK unter Berufung auf bloße erwerbswirtschaftliche Tätigkeit zu erweitern, ohne daß dann Art. 87 I GG entgegenstehen würde. Mit dieser Erwägung kann jedoch keine Erweiterung der Bankangebote der POSTBANK gerechtfertigt werden, denn eine solche Argumentation würde fälschlicherweise den Unterschied zwischen öffentlichrechtlicher und privatrechtlicher Handlungsform mit der Unterscheidung von Staatsaufgabenerfüllung und – eventuell grundgesetzlich unverfaßter – zusätzlicher erwerbswirtschaftlicher Tätigkeit gleichsetzen. Da der Bundespost-POSTBANK die Daseinsvorsorge im Bereich des Sparens und des Zahlungsverkehrs aufgegeben ist, werden alle Beziehungen zu ihren Kunden in diesem Bereich von Art. 87 I GG umfaßt, ohne daß die Rechtsform, in der diese Rechtsbeziehungen abgewickelt werden, das beeinflussen würde. Im Giro- und Sparverkehr handelt die POSTBANK gegenüber ihren Kunden verwaltungsprivatrechtlich, nicht erwerbswirtschaftlich. An Art. 87 I GG ist sie somit stets gebunden, denn über dessen Anwendung entscheidet die Aufgabenstellung, nicht die Handlungsform des Verwaltungsträgers. Die POSTBANK bewegt sich bei Veränderungen im Bankverhältnis zu ihren Kunden stets im Normbereich des Art. 87 I GG, weil dieser Bereich – sei es positiv zuweisend, sei es negativ verbietend – gerade ihre typische Funktion betrifft. Somit ist für eine Tätigkeitserweiterung unter der Vorstellung bloß erwerbswirtschaftlicher Tätigkeit im Verhältnis zwischen POSTBANK und Kunde niemals Raum.

6. Bankleistungen außerhalb des Normbereichs des Art. 87 I GG

a) Anlage eigenen Finanzvermögens

Anders ist die Rechtslage freilich in den Bereichen zu bewerten, in denen die POSTBANK als Arbeitgeber oder oberste Dienstbehörde oder in ähnlicher Funktion an Postbedienstete Leistungen im Bankenbereich erbringt oder wo sie ihr Finanzvermögen wie jeder andere Marktteilnehmer anlegt. Bei der Anlage eigenen Vermögens tritt sie nämlich nicht innerhalb des ihr verfassungsrechtlich vorgezeichneten Aufgabenkreises

---

[198] *Maunz / Dürig*, Grundgesetz, Rdnr. 23 zu Art. 87 GG; *Stern*, Staatsrecht II, S. 831 f. und 1262.

der Bedienung der Kundenbedürfnisse auf, sondern legt nach allgemeinen, haushaltsrechtlichen Grundsätzen brachliegendes, zur Zeit nicht benötigtes, liquides Vermögen am Markt an. Das darf sie wie jede andere Behörde nach den allgemeinen Regeln; das legitimiert sich z.B. aus der Arbeitgeberfunktion oder aus der haushaltsrechtlichen Verpflichtung zur Wirtschaftlichkeit und Sparsamkeit, aber nicht aus der ihr in Art. 87 I GG „nach außen" – nämlich gegenüber dem Kunden – vorgezeichneten Aufgabenstellung der Daseinsvorsorge in bestimmten Bankbereichen[199].

b) Finanzdienstleistungen an Postbedienstete

An die Bediensteten der Post darf sie aus ähnlichen Erwägungen Leistungen erbringen, die über den in Art. 87 I GG vorgesehenen Spar- und Giroverkehr hinausgehen und in die Kreditvergabe reichen, weil sie dabei – gleich anderen Arbeitgebern, obersten Dienstbehörden u.ä. – nicht im Rahmen des öffentlichen Auftrags zur Daseinsvorsorge gegenüber Allgemeinheit und Kundschaft tätig wird, sondern die dienst- und arbeitsrechtliche Fürsorgepflicht und -befugnis ausübt und innerhalb bestehender Dienst- und Arbeitsverhältnisse als einer oder für einen der Beteiligten handelt. Das Fürsorgerecht kann zu Krediten, z.B. zu Gehaltsvorschüssen[200], Wohnungsbaudarlehen oder anderem führen. Freilich werden auch Postbedienstete damit Kunden; sie zählen aber zu einem abgegrenzten Personenkreis, der der Post beruflich eng verbunden ist und den die Post mit Rücksicht auf diese Bindung mit weitergehenden Leistungen bedient. Als Dienstbehörde und Arbeitgeber hat die Post anderen Regeln zu folgen: hier gilt nicht Art. 87 GG, der auf Gesellschaft, Wirtschaft und jedermann gerichtet ist, sondern waltet das Regime des Art. 33 GG, des Dienst- oder des Arbeitsrechts, d.h. solche Leistungen fallen gar nicht unter den Normbereich des Art. 87 I GG.

Kreditleistungen dürfen auf dieser Grundlage ebenso an die Beamten von POSTDIENST, TELEKOM, des Direktoriums der Deutschen Bundespost und des Ministeriums für Post und Telekommunikation wie an diejenigen der POSTBANK erbracht werden. Rechtlich bestehen dagegen keine Bedenken, weil die Post traditionell eine eigene Bundeseinrichtung war, die erst in der Postreform von 1989 in Ministerium, Gene-

---

[199] Vgl. dazu *Stern*, Staatsrecht II, S. 1262 f.

[200] Z.B. *Wolff / Bachof / Stober*, Verwaltungsrecht II, S. 598; *Battis*, in: *Achterberg / Püttner* (Hrsg.), Besonderes Verwaltungsrecht, Band I, S. 945.

raldirektion und drei Unternehmen aufgeteilt wurde. Sogar jetzt ist diese Trennung nicht strikt, wie einige bleibende Gemeinsamkeiten in Finanzierung[201], Haftung[202], Vermögen[203] sowie einheitlichem Direktorium[204] und Sozialverwaltung[205] beweisen. Ferner stehen alle Bediensteten der Postunternehmen in Arbeits- oder Dienstverhältnissen zum Bund, nicht zu den einzelnen Unternehmen, die Vorstände sind nur oberste (Dienst-)Vorgesetzte[206]. Dienst- und arbeitsrechtlich besteht also keine Trennung der Rechtsverhältnisse; innerhalb dieser liegt aber gerade das Fürsorgerecht mit der Kreditbefugnis begründet. Zudem würde bei noch weitergehender Separierung als im Gesetz vorgesehen die POSTBANK für die anderen Postzweige die Aufgabe der Hausbank wahrnehmen müssen[207]; das erstreckt sich auch auf die Arbeitnehmerdarlehen.

Eine Konkurrenz zum privaten Postspar- und Darlehensverein, der seit langem Kredite an Postbedienstete vergibt, wäre dabei zwar möglich. Die Verpflichtung nach § 10 III PostVerfG, diesen Verein weiter zu fördern, würde aber von einer Konkurrenz noch nicht verletzt, weil sich diese Pflicht auf dessen Unterstützung, aber nicht auf Wettbewerbsverschonung bezieht; er stand schon immer im Wettbewerb zu anderen Kreditinstituten.

7. Randnutzung

Nach ständiger Rechtsprechung der Verwaltungsgerichte und herrschender Meinung in der Literatur verpflichtet der in Art. 114 II GG aufscheinende Grundsatz der Wirtschaftlichkeit und Sparsamkeit in seiner näheren Ausformung durch das einfachgesetzliche Haushaltsrecht die öffentliche Verwaltung zur Verwertung ihres Verwaltungsvermögens im Wege der erwerbswirtschaftlichen Tätigkeit, soweit und solange es für den Verwaltungszweck nicht benötigt wird, auch wenn diese Verwertung

---

201 § 37 II-IV PostVerfG.

202 § 2 II 2 2. Hs. PostVerfG.

203 § 1 II PostVerfG.

204 §§ 7 f. PostVerfG.

205 §§ 9 und 11 PostVerfG.

206 §§ 46-48 PostVerfG.

207 § 4 II 1 PostVerfG; für den Sonderfall der eigenen Kredite der Deutschen Bundespost § 40 I 2 PostVerfG.

nicht ausdrücklich im Gesetz angeordnet ist[208]. So führt das Bundesverwaltungsgericht aus, daß eine derartige Randnutzung, also die „wirtschaftliche Betätigung ..., die die öffentliche Hand ‚bei Gelegenheit' der Erfüllung ihrer öffentlichen Aufgaben betreibt, um sonst brach liegendes Wirtschaftspotential, das im übrigen aber öffentlichen Zwecken dient, auszunutzen", zulässig ist und hält z.B. die von Post und Bahn betriebene Reklame für deren klassisches Beispiel[209]. Die Grenzen zulässiger Randnutzung werden nach der Rechtsprechung überschritten, wenn die Behörde dabei über den Funktionsbereich des Verwaltungsträgers hinausgeht, wenn sie mit dem öffentlichen Zweck der Verwaltungstätigkeit nicht mehr vereinbar ist oder die sachgerechte Aufgabenerledigung beeinträchtigt[210]. Die Frage einer Befugnis zur Randnutzung entspricht etwa der unter (5) skizzierten, stützt sich aber nicht auf die Überlegung, daß Art. 87 I GG nur die öffentlichen Aufgaben betreffe und im übrigen Bereich erwerbswirtschaftliche Tätigkeit von der Verfassung erlaubt sei, sondern auf eine Verpflichtung zum wirtschaftlichen und sparsamen Haushalten, das einfachgesetzlich vom Haushaltsrecht und verfassungsrechtlich von Art. 114 II GG begründet wurde.

Gegen solche Randnutzungen ohne ausdrückliche Ermächtigung ist im Einzelfall sicher nichts einzuwenden, wenn damit Verwaltungsvermögen erwerbswirtschaftlich intensiver ausgenutzt wird als es der Verwaltungszweck erfordert. Die klassischen Fälle der Vermietung von Flächen oder die Werbung auf Behördenautos fallen darunter und sind rechtlich unbedenklich. Die Grenzen der Randnutzungen, vor allem der Unvereinbarkeit mit den öffentlichen Zwecken der Verwaltungstätigkeit oder der Beeinträchtigung sachgerechter Aufgabenerledigung, sind rechtlich klar vorgezeichnet, weil die Randnutzung nicht die öffentliche Funktion, für die der Verwaltungsträger mit seinem Verwaltungsvermögen errichtet worden ist, in irgendeiner Weise hemmen, sondern nur ertragbringende Zutat sein darf.

Rechtlich unzureichend sind aber Legitimationsversuche staatlichen Handelns mit dem Argument der Randnutzung, wo es zur Erweiterung der öffentlichen Aufgaben des Verwaltungsträgers eingesetzt wird. Würde man dort unter dem Titel der Randnutzung erwerbswirtschaftliches Tätigwerden erlauben, so könnte die Verwaltung über ihre öffentlichrechtliche Kompetenzzuweisung hinausgehen. Um im Bild der „Rand"-

---

[208] *Ehlers*, Verwaltung in Privatrechtsform, S. 94 f.

[209] BVerwGE 82, S. 29, 34.

[210] BVerwGE 82, S. 29, 34.

Nutzung zu bleiben: Gemeint ist der für die öffentliche Aufgabenerfüllung nicht benötigte „Rand“ des Verwaltungsvermögens, nicht gemeint ist aber der Kompetenz-„Rand“ der Zuständigkeitsnormen, der als Befugnisgrenze einzuhalten ist und nicht mit Hilfe von Wirtschaftlichkeits- und Sparsamkeitsüberlegungen überschritten werden darf.

Ohne hier das Ausmaß zulässiger Randnutzungen im Einzelfall klären zu müssen, ist daher festzustellen, daß Randnutzungen nach dem Grundsatz der Wirtschaftlichkeit und Sparsamkeit keine Hebel zur Erweiterung der öffentlichrechtlich zugewiesenen Kompetenzen und Funktionen einer Behörde sein können[211]. Das gilt auch für die POSTBANK. Aus dieser Erwägung sind Ausweitungen ihres Tätigkeitsbereiches nicht abzuleiten.

8. Annexkompetenz, Kompetenz kraft Sachzusammenhangs

Unter diesen beiden, in ihrem gegenseitigen Verhältnis oder Überlagerungen nicht begrifflich eindeutig geklärten Kompetenzen[212] versteht man insgesamt die Befugnis der Behörden, nicht nur die ihr aufgegebene Sachaufgabe zu erfüllen, sondern alle für die Durchführung dieser Aufgabe unerläßlichen Probleme mit zu lösen und in ihre Tätigkeit auch Komplexe einzubeziehen, ohne deren Bewältigung die rechtlich vorgezeichnete Kompetenz überhaupt nicht erfüllt werden kann. Es kann sich dabei jeweils nur um Verfahrenskompetenzen oder um marginale Abrundungen gesetzlich lückenhaft vorgegebener, notwendig zusammenhängender Sachkompetenzen drehen.

Diese kompetenzerweiternden Erwägungen gelten für jede Behörde, also auch für die POSTBANK. Ob ihre Voraussetzungen vorliegen, ist im Einzelfall zu entscheiden. Dabei ist es aber jeweils zur Bejahung einer solchen Befugniserweiterung erforderlich, daß der Zugriff auf den gesetzlich nicht vorgezeichneten Tätigkeitsbereich zur Erfüllung der rechtlich vorgezeichneten Aufgaben unerläßlich ist; es genügt nicht, daß dadurch die Erfüllung dieser Aufgaben gefördert werden kann oder daß die Hinzuziehung des neuen Tätigkeitsbereichs nur für die POSTBANK vorteilhaft ist. Da die POSTBANK funktionsorientierte Daseinsvorsorgeleistungen auf dem Zahlungsverkehr- und Sparmarkt anbietet und mit

---

[211] Vgl. *Lerche / Graf von Pestalozza*, Die Deutsche Bundespost als Wettbewerber, S. 61.

[212] So schon *Lerche / Graf von Pestalozza*, Die Deutsche Bundespost als Wettbewerber, S. 39.

unternehmerischen Mitteln des Privatrechts arbeitet, dürfte dieser Fall einer erweiternden Sachzusammenhangs- oder Annexkompetenz kaum große Bedeutung entfalten; er tritt meistens nur bei hoheitlicher Verwaltung oder – vor allem – bei der Abgrenzung der Befugnisse von gesetzgebenden Organen auf.

9. Kompetenzen durch Grundrechte?

Die im Grundgesetz niedergelegten Grundrechte geben der POSTBANK in keinem Fall Kompetenzen. Grundrechte sind auf private Individuen gezielt und sollen deren Freiheit sichern. Die POSTBANK ist hingegen Bestandteil der Bundesverwaltung; sie benötigt für ihre Tätigkeit Kompetenznormen, kann sich nicht auf die individualgarantierenden Grundrechte berufen[213]. Ihr steht zwar seit 1989 wieder das zivilrechtliche Instrumentarium zur Bewältigung ihrer Aufgabe zur Verfügung; insoweit bewegt sie sich im selben Rechtsmedium wie private Unternehmer und Banken. Das verleiht ihr aber nicht die Autonomie oder die Grundrechte der Privaten[214]. Das Zivilrecht ist für die POSTBANK nur das Mittel zur Durchsetzung ihrer öffentlichrechtlichen Aufgabe (Verwaltungsprivatrecht). Im Gegenteil stellt sich die Frage, ob die Grundrechte Dritter (Kunden, Konkurrenten) oder die einfachgesetzliche Wirtschaftsordnung der Gesellschaft nicht etwa die Kompetenzen der POSTBANK beschneiden (dazu siehe S. 98 ff.).

IV. Die organisationsrechtliche Zulässigkeit der einzelnen POSTBANK-Dienste

1. Girodienst

a) Unbarer Zahlungsverkehr

Zum zulässigen Tätigkeitsfeld der POSTBANK gehört unbestritten der unbare Zahlungsverkehr, früher Postscheckverkehr genannt, wie er seit 1908 reichsweit als Verfahren der unkörperlichen Geldbewegung bestand. Er weist die größte Nähe zur Transportanstalt der „Gelben

---

[213] Z.B. *Ehlers*, Verwaltung in Privatrechtsform, S. 87; *Ossenbühl*, Wirkungskreis, S. 100.

[214] Z.B. *Gramlich*, BB 1980, S. 1493, 1497.

Post", heute POSTDIENST, auf, denn er ist historisch aus dem als umständlich, langsam, mühsam und teilweise auch gefährlich empfundenen Bargeldversand entstanden. Er besteht seit Erlaß der Postscheckordnung von 1908 fast unterbrechungslos bis heute. Er umfaßt den Überweisungs- und Scheckverkehr[215] bis hin zu den halb-baren Mischformen[216], in denen bargeldloser und barer Verkehr zusammentreffen. Über die herkömmlichen Methoden der unbaren Geldbewegung hinaus ist die Post im heutigen „Postgirodienst"[217] befugt, auch mit anderen technischen Mitteln und Formularen den Zahlungsverkehr zu betreiben; Vordrucke und Rechtstechniken sind für die Kompetenzfrage irrelevante Modalitäten des Zahlungsverkehrs.

Der Kompetenztitel des Postgirodienstes befugt die Post, ein bundesweites, flächendeckendes Giralnetz zur Verfügung zu stellen, das die Infrastruktur der Wirtschaft mit staatlichen Mitteln sichert, von jedem ohne Rücksicht auf die Höhe der Zahlungsbewegungen in Anspruch genommen werden kann und als Reservegiralnetz auch in Notzeiten zur Verfügung steht. Die Befugnis zum Aufbau eines flächendeckenden Giralnetzes ergibt sich vor allem aus der historischen Auslegung: Bis Mitte der 20er Jahre bestand nämlich in Europa kein umfassendes, für alle Marktteilnehmer zugängliches Gironetz von anderer Seite[218]. Das 1875 vorhandene Reichsbankgironetz war weder flächendeckend noch von jedermann zu benutzen, weil es eine – für damalige Zeiten hohe – Mindesteinlage von 1000 RM voraussetzte[219]. Um einen reibungslosen und sicheren reichsweiten Giralverkehr sicherzustellen, wurde deshalb schon um die Jahrhundertwende von der Wirtschaft verlangt, die Reichspost möge ein solches Netz errichten; die Post hat bis in die heutigen Tage u.a. auch das Mengengeschäft bei kleinen Konten maßgeblich betreut, so daß es heute von manchen Privatbanken für Kleinbeträge zur Entlastung benutzt wird[220].

Historisch gesehen ist es ein reines Verkehrsnetz für bargeldlose Zahlungen, nach der Funktion staatliche Teilnahme an einer Geldwirtschaft, die immer mehr vom Barverkehr absieht. Weder historisch noch nach

---

215 So § 1 I Postscheckordnung von 1908.

216 Zahlkarte und Zahlungsanweisung.

217 So z.B. § 1 II Postgiroordnung vom 5.12.1984, BGBl. I S. 1478, zuletzt geändert durch die Zweite Verordnung vom 22.3.1989, BGBl. I S. 541.

218 *Hahn*, Die Postbank, S. 38.

219 *Hahn*, a.a.O., S. 58.

220 *Hahn*, a.a.O., S. 150 und 160 ff.

seiner Zielrichtung war es jemals Bestandteil des Kreditgeschäftes, das einem nicht liquiden Kunden Geld auf bestimmte Zeit und gegen Zinsen ausleiht, noch Teil des Spekulationsgeschäfts, in dem durch Einsatz von Geldwerten Gewinne aus Wertveränderungen durch steigende oder fallende Kurse und durch Rendite ohne bezifferten Rechtsanspruch erzielt werden sollen.

b) Überziehungsrahmen im Postgirodienst

Stellt man auf die historische Auslegung des Art. 87 I GG zum Zeitpunkt der Jahre 1948/49 ab, so gehört die Einräumung eines Überziehungsrahmens sicher nicht zum Tätigkeitsbereich der POSTBANK, denn dieser wurde erst in jüngerer Zeit eingeführt. Ferner kann gegen seine Zulässigkeit sprechen, daß mit einem Überziehungsrahmen, wenn er tatsächlich ausgenutzt wird, die POSTBANK dem Kunden rechtlich unzweifelhaft ein Darlehen gibt[221]. Dennoch ist gegen einen Überziehungsrahmen nichts einzuwenden, wenn und soweit er von der der Post verfassungsrechtlich aufgegebenen Funktion mitgetragen wird, ein Giralnetz zu errichten und zu betreiben.

aa) Unerläßlichkeit für ein funktionierendes Giralnetz

Vergleicht man den bargeldlosen Giroverkehr mit dem Bargeldverkehr, so erfüllt ein Girokonto im unbaren Zahlungsverkehr die Funktion der Geldbörse. Während im Bargeldverkehr bei den Geldgeschäften des täglichen Lebens der Besitzer der Geldbörse stets genau weiß, wieviel Geld ihm zur Verfügung steht, weil es gegenständlich im Moment der Zahlung vorliegt, fehlt dem Inhaber des Girokontos diese Möglichkeit, denn das Geld liegt am Bankort bereit, wo das Konto geführt wird, statt am Zahlungsort, wo es bar übergeben werden müßte. Ferner weiß er selbst nach Auffüllen seines Kontos durch Überweisung, Scheckeinreichung u.ä. aus technischen Gründen und wegen der Wertstellungspraxis der Banken nicht exakt, wann sein Geld seinem Konto tatsächlich gutgeschrieben wird; es ist gut möglich, daß es sich erst auf dem Weg zu seinem Konto, aber – um im Bild der Geldbörse zu bleiben – noch nicht in oder auf seinem Konto befindet.

---

[221] *Lerche / Graf von Pestalozza*, Die Deutsche Bundespost als Wettbewerber, S. 74 und 80.

Außerdem erlaubt das notwendig mit einheitlichen Regeln für alle Girobanken arbeitende Gironetz Zugriffe Dritter auf Girokonten, ohne daß der Inhaber des Kontos im Moment des Zugriffs etwas davon erfährt. Das liegt in erster Linie an den allein von Dritten ausgelösten Lastbuchungen infolge von Abbuchungsaufträgen oder Einzugsermächtigungen. Hier werden Beträge abgehoben, ohne daß der Konteninhaber jeweils dazu im Einzelfall die Initiative ergriffen hat und davon etwas im Zeitpunkt der Buchung erfährt; er hat lediglich die Möglichkeit, durch späteren Widerspruch Buchungen wieder rückgängig zu machen. In der Zwischenzeit bleibt sein Konto sogar dann weiter belastet. Diese Kontenbelastungen erreichen im Giroverkehr mittlerweile erheblichen Umfang; bei der Post umfassen sie 35 % des Volumens an Kontenbewegungen[222]. Wenn die Kontoauszüge nur wöchentlich oder monatlich versandt oder abgerufen werden, erhält der Kontoinhaber nur zu Ende einer Woche oder eines Monats Kenntnis von den zwischenzeitlichen Bewegungen; in dieser Zwischenzeit operiert er „im Dunkeln".

Des weiteren können Gutbuchungen, z.B. durch von ihm selbst eingereichte Schecks, die von Dritten ausgestellt wurden, wieder storniert werden, so daß die Bank für ihn positive Zahlungsvorgänge wieder rückgängig machen und damit ebenfalls seinen Kontostand ohne sein Zutun ändern kann[223]. Aus diesem Grunde ist es für ein Gironetz mittlerweile unerläßlich, das Funktionieren auch bei kurzfristigen Überbuchungen zu gewährleisten. Es wäre zwar denkbar, den Kunden zu verpflichten, jeweils ein Guthaben in Höhe der voraussichtlichen Buchungen jedes Monats auf dem Konto zu halten. Das würde aber zum einen unvorhergesehene Buchungen mit der Folge eines Defizits nicht ausschließen. Zum zweiten würde es den Kunden bei normalem Ablauf der Kontenbewegungen zum Vorhalten und damit zur Einlage in Höhe der erwarteten Abbuchungen zwingen. Einer von beiden am Giroverhältnis Beteiligten muß das Risiko unvoraussehbarer Buchungen tragen. Entweder ist es der Kunde mit der Folge des Einlagezwanges oder die Bank mit der Konsequenz des Darlehensrisikos. Hier liegt es näher, der Bank das Risiko statt dem Kunden den Zwang aufzuerlegen, vor allem weil alle Banken so verfahren. Deshalb gesteht man dem Kontoinhaber einen Überziehungsrahmen zu.

---

[222] *Franz Schneider*, Jahrbuch des Deutschen Bundespost 1987, S. 101, 104.

[223] So Nr. 1 III AGB der Sparkassen wegen Rückbelastungsrechts bei Scheckinkasso.

Dieser Rahmen legitimiert sich nicht durch einen Wunsch der Banken, auf diese Weise im Aktivgeschäft tätig zu werden, sondern soll nur das zuverlässige Funktionieren des Giralverkehrs sichern[224]. Deutlichstes Zeichen dafür ist die aus dem oben geschilderten, unzureichenden Kenntnisstand des Kontoinhabers belegbare Tatsache, daß jener bei Verfügungen über sein Konto häufig gar nicht weiß, ob er ihm bereits zugeordnete Vermögenswerte bewegt oder der Bank zustehendes Geld in Anspruch nimmt. Auf der anderen Seite wird damit klar, daß ein Überziehungsrahmen nicht das übliche, passive Kreditgeschäft für die Banken begründet, auch wenn rechtstechnisch ein Darlehen vergeben wird. Die Darlehensvergabe hängt nämlich nach der grundsätzlichen Vereinbarung des Überziehungsrahmens ausschließlich vom jeweiligen Kontostand und vom Willen des Kontoinhabers ab — ein Vergabeverfahren, auf das sich bei gezielter Kreditierung wohl kaum eine Bank einlassen dürfte.

bb) Allgemeine Erwartung der Kunden

Dazu kommt, daß der Kunde wegen der sehr umfangreichen Angebote eines Überziehungsrahmens bei anderen Banken und wegen der Erkenntnis der Unerläßlichkeit eines Überziehungsrahmens sich kaum noch auf ein Girokonto ohne einen solchen einlassen würde; zumindest beim Hauptkonto, also der „Alltagsgeldbörse", würde die POSTBANK aus dem Girodienst verdrängt, wenn sie einen Überziehungsrahmen nicht mit anbieten würde. Auch der gewandelte Bankenmarkt und das veränderte Kundenverhalten zwingen also zu dessen Einräumung, damit die POSTBANK den Auftrag zum Betreiben eines Giralnetzes weiter erfüllen kann.

Die Bankenaufsicht hat die Tatsache, daß ein Überziehungsrahmen im Giroverhältnis im Grunde nicht zum Kreditgeschäft im Sinne des KWG gehört, sondern notwendiger Bestandteil des Girogeschäfts ist, bereits in ihrer Anweisung zugestanden, sogenannte „Usancenkredite" von den Kreditgeschäftsregeln der §§ 13 bis 18 KWG freizustellen, wenn sie nach fachlicher Übung behandelt, d.h. wenn sie nicht eine branchenunüblich lange Laufzeit haben und einer betriebsinternen Kontrolle unterworfen

---

[224] Ebenso der Große Senat des BFH, BB 1990, S. 2080, 2081; *Großfeld*, Postbank, S. 83. Sogar *Lerche / Graf von Pestalozza*, Die Deutsche Bundespost als Wettbewerber, S. 75, räumen ein, daß der Überziehungsrahmen auch etwas „mit der Technik des modernen Zahlungsverkehrs zu tun" hat.

werden, die verhindert, daß sie gezielt zur Kreditierung verwendet werden[225].

cc) Verbot typischer Kreditierung

Ein Überziehungsrahmen im Postgiroverhältnis ist deshalb zulässig. Das gilt aber nur, soweit er der Funktion des Giroverkehrs dient, nicht wenn er gezielt zur Darlehensaufnahme ausgenutzt wird, weil sich die POSTBANK dann in das kompetenzlose Kreditgeschäft begäbe. Die Trennungslinie des zulässigen Giroverkehrs von der unzulässigen Kredit vergabe liegt dort, wo ein Überziehungsrahmen in einem solch großen Umfang, mit so langen Fristsetzungen oder sogar ohne zeitlich bestimmte Rückzahlungsverpflichtungen eingeräumt wird, daß er typischerweise zur Kreditierung dient.

Allgemein dürfte das der Fall sein, wenn die im Überziehungsrahmen erzielbare Darlehensvergabe in ihren Konditionen ebenso billig oder preiswerter als ein gezielt eingeräumter Kredit ist, wenn sie nicht standardisiert und auf den im jeweiligen Girokonto ablaufenden Zahlungsverkehr in seiner Quantität ausgerichtet ist, sondern nach individuell ermittelten Bonitätsbewertungen vergeben wird. Wenn z.B. auf die außerhalb des Giroverhältnisses vorhandenen Vermögenswerte des Kontoinhabers oder dessen Wirtschaftskraft abgestellt wird, so liegt es nahe, daß die Bank Geld ausleihen und nach den genannten Maßstäben in individueller Finanzierungswürdigkeitsprüfung sicherstellen will, daß die Summe nach Ablauf der Frist zurückgezahlt wird. Werden aber – neben einer stets zulässigen Mißbrauchskontrolle[226] – die Entscheidungen zur Einräumung eines Überziehungsrahmens standardisiert und allein vom Verhalten des Kunden im Banken- und Zahlungsverkehr abhängig gemacht, so wird damit lediglich das Funktionieren dieser Giro-„Geldbörse“ gesichert.

Es wäre nichts dagegen einzuwenden, wenn sich die POSTBANK zur Vermeidung von Verlusten dabei auf private Angaben, z.B. der „Schufa“ stützte, sofern diese nur Fakten und keine Bewertungen enthalten, sich allein auf bisheriges finanzielles Außenverhalten des Kunden im Banken- und Geschäftsbereich beschränken (andere Girokonten, Kredite, Kon-

---

[225] Dazu *Szagunn / Wohlschieß*, KWG, Rdnrn. 7 zu § 14 und 9 zu § 19.

[226] Vgl. *Lerche / Graf von Pestalozza*, Die Deutsche Bundespost als Wettbewerber, S. 118.

kurse u.ä.) und nicht über sein Vermögen oder seine künftigen Gewinnerwartungen im Sinne einer individuellen Bonitätsprüfung Auskunft geben. Die POSTBANK müßte sich in der eigenen Entscheidung über den Überziehungsrahmen von standardisierten Postregeln leiten lassen.

dd) Überziehungsrahmen für Privatkonten

Gegen ein Überziehungsrahmen im Postgiroverhältnis ist somit nichts einzuwenden. Zur Verhinderung der atypischen Ausnutzung dieses Überziehungsrahmens zur echten Kreditierung ist aber zwischen Privat- und Geschäftskonten ein Unterschied zu machen. Auf Privatkonten, die in der Mehrzahl Gehaltskonten mit monatlich fraktioniertem Zahlungseingang sind, ist das Funktionieren des Giroverkehrs nur zu gewährleisten, wenn die Überziehung über einen monatlichen Zahlungsraum hinaus zum Wiederauffüllen des Kontos möglich ist. Ein Überziehungszeitraum von zwei Monaten ist deshalb unerläßlich. Da der Zugriff Dritter in der oben geschilderten Weise auf Girokonten aber nicht auf Zugriffe in Höhe nur eines Monatsgehaltes oder -lohnes beschränkt ist, ist es rechtlich ebenso unbedenklich, nach Maßgabe des bankgeschäftlich Vertretbaren auch über diese Zeit hinauszugehen. Eine feste Zeitgrenze für die Glattstellungspflicht bei einer Überziehung ist dabei mit verfassungsrechtlich objektiver Präzision kaum anzugeben. Je mehr Zeit zur Wiederauffüllung des Kontos gegeben wird, umso eher läuft der Überziehungsrahmen Gefahr, als Mittel zur typischen Kreditnahme mißbraucht zu werden. Gegen eine Überziehungsfrist von drei Monaten ist nach dieser Sachlage kaum etwas einzuwenden; wenn die Erfahrung zeigt, daß längerfristig gewährte Überziehungen regelmäßig nur der Gewährleistung des Giralverkehrs dienen, steht auch längere Glattstellungsfristen nichts entgegen. Vor allem wenn aus dem Giroverhältnis – z.B. durch Ausgabe einer Euroscheckkarte – erkennbar wird, daß es sich um das Hauptkonto eines Giroteilnehmers handelt, sind längere Fristen angezeigt, weil auf diesen Konten erfahrungsgemäß die größten, nicht voraussehbaren Bewegungen von Dritten veranlaßt werden.

Ähnliches gilt für den Umfang des Überziehungsrahmens. Auch hier läßt sich keine feste Grenze vorzeichnen, denn sie beginnt erst beim regelmäßigen Mißbrauch zur Kreditierung. Ein Überziehungsrahmen in Höhe von drei Monatsgehältern oder – z.B. bei Konten von Freiberuflern – von drei Monatseingängen ist unbedenklich, weil ein Privatkunde diesen Rahmen wegen der Überziehungskosten und der heute gegebenen Möglichkeit, anderweitig jederzeit ohne Sicherheiten billigere und größere Kredite zu erhalten, kaum auf diese Weise zur Aufnahme von Darlehen ausnutzen wird.

ee) Technisch bedingte Überziehungstoleranz für Geschäftskonten

Anderes gilt für Geschäftskonten, denn im geschäftlichen Bereich sind kurzfristige Kredite bis zu Tagesdarlehen üblich. Die Gefahr des Überschreitens des allein erlaubten Ziels einer Sicherstellung des Giralverkehrs bei Gewährung von Überziehungsrahmen ist hier größer. Deshalb sollte in diesem Bereich kein Überziehungsrahmen zur Verfügung gestellt werden, sondern, allein um Fehlbuchungen korrigieren zu können oder unvorhersehbare Abbuchungen nicht mit geschäftsschädigender Wirkung sofort zurückweisen zu müssen, lediglich eine Duldung[227] der Überziehung für eine Zeit von wenigen Tagen zugesagt werden, innerhalb derer eine unvorhersehbare Überbuchung korrigiert werden kann. Von einem Unternehmen ist zu erwarten, daß es – weil nicht auf wochenweisen oder monatsweisen Zahlungseingang angewiesen – dieses Konto sofort wieder auffüllt. Die Duldungsfrist bestimmt sich also lediglich nach der Zeitspanne, die für den technischen Ablauf der Wiederauffüllung des Kontos notwendig wird, d.h. für Benachrichtigung, für die Überweisung vom fremden Konto, wegen der Banköffnungszeiten u.ä. benötigt wird. Damit wird dem im Geschäftsverkehr gesteigerten Interesse an einem reibungslosen Giroverkehr genügt.

Im Volumen sollte sich diese Duldung an dem orientieren, was auf dem jeweiligen Geschäftskonto nach den Geschäftsvorfällen zur reibungslosen Abwicklung des Zahlungsverkehrs erforderlich ist. Die Bedenken gegen eine mißbräuchliche Ausnutzung zur Kreditaufnahme sollten ferner dadurch ausgeräumt werden, daß der Inhaber eines Geschäftskontos sich verpflichtet, im Falle einer tatsächlichen Überziehung sein Konto unverzüglich wieder aufzufüllen.

c) Scheckkarte

Bei Ausgabe von Scheckkarten ist es möglich, die Bank durch Hingabe von Schecks ohne positives Guthaben auf dem Konto zu verpflichten, Ausgaben an Dritte in Höhe der ausgegebenen Schecks mal der Garan-

---

[227] Zu den möglichen Vertragsgestaltungen Großer Senat des BFH, BB 1990, S. 2080, 2081.

tiesumme pro Scheck zu veranlassen. Rechtlich gesehen wird damit wie beim Überziehungsrahmen ein Darlehen eingeräumt oder eine Stundung vorgesehen. Die Scheckkarte ist aber ebenfalls zulässig, weil sie kein typisches Kreditmittel ist, sondern nur dem Funktionieren des Giroverkehrs dient[228]. Die Scheckkarte ist geschaffen worden, um durch eine summenmäßig begrenzte Deckungsgarantie den Scheck als unbares Zahlungsmittel für den Scheckempfänger sicher zu machen. Sie verlagert das Risiko der Deckungslosigkeit in Höhe der Kartengarantie vom Schecknehmer auf die bezogene Bank. Die Funktion der Karte ist die Deckungsgarantie nach außen, nicht die Hingabe von Darlehen nach innen. Aus den oben zum Überziehungsrahmen geschilderten Gründen weiß der Kontoinhaber oftmals wiederum gar nicht, ob er Darlehen aufnimmt oder nur über Guthaben verfügt. Deshalb benötigt er die Berechtigung, um auch ohne aktuelle Deckung auf dem Konto Schecks in dieser Höhe ausstellen zu können. Eine finale Kreditierung durch die Bank liegt darin nicht. Zudem würde es sich hier in ähnlicher Weise wie beim Überziehungsrahmen um einen sehr teuren und kurzfristigen Kredit handeln, der sich im normalen Geschäftsverkehr nicht lohnt. Überdies kann die Bank mit der Buchung des Schecks sofort vom Kontoinhaber die Auffüllung des Kontos verlangen, d.h. der Kredit erreicht in diesen Fällen nur die Laufzeit des Schecks. Allenfalls in betrügerischer Absicht gezeichnete Schecks führen zu faktischen Dauerkrediten; man darf aber die typische Verwendung und Wirkung dieser Technik nicht an atypischen Mißbrauchsmöglichkeiten messen. Die Scheckkarte dient demnach der Sicherung des Giralverkehrs, hier insbesondere der Zahlung durch Schecks, führt die POSTBANK nicht in ein verbotenes Kreditgeschäft.

d) Kreditkarte

Eine Vermittlung oder Eigenausgabe von Kreditkarten würde aus ähnlichen Erwägungen die POSTBANK nicht über den Bereich des bargeldlosen Zahlungsverkehrs hinausführen. Trotz ihres Namens handelt es sich bei dieser Karte nicht um ein typisches Kreditierungsmittel, sondern um den Ersatz des Bargeldes durch die mittels der Karte ausgewiesenen bargeldlosen Zahlungsvorgänge. Ihr Name stammt aus den USA, wo für sie im Gegensatz zu Europa die Kreditfunktion wesentlich ist. Die europäischen Karten, auch die Eurocard, sind keine echten „credit cards“, sondern „charge cards“ ohne Kreditfunktion, die aus dem Girokontokor-

[228] *Hahn*, Die Postbank, S. 94 und 104.

rentverhältnis entwickelt wurden und allenfalls zur Stundung führen[229]. Die Apostrophierung als „Plastikgeld" besteht insoweit zu Recht. Auch hier kann es technisch nur in den Fällen zur Darlehensvergabe kommen, in denen ohne aktuelle Deckung gekauft wird.

Im Gegensatz zu Überziehungsrahmen und Scheckkarte weiß der Karteninhaber allerdings, wie weit er sein Konto durch die Karte belastet, denn Verfügungen mittels Karte können nur von ihm ausgehen; im Gegensatz zu den beiden anderen ist ein Darlehen aufgrund Kartenverfügung in der Regel kostenlos und damit billig. Beides kann den Karteninhaber eher veranlassen, die Karte als Darlehensmittel einzusetzen. Dem steht aber entgegen, daß der Inhaber zur Deckung seines Kontos bei Buchungen der Kartengeschäfte gegenüber der Kartengesellschaft verpflichtet ist; daß die Kartengesellschaft keiner Stillhalteverpflichtung, also keiner bindenden Frist zur Darlehensgewährung, unterliegt, sondern sogleich nach erfolgter Kartenbenutzung den eingesetzten Betrag abbuchen kann und bei größeren Summen regelmäßig auch so vorgeht. Technisch wird im Kontokorrentverhältnis nur gestundet, nicht kreditiert. Wird innerhalb von 30 Tagen nicht gezahlt, so sind Verzugsgebühren fällig oder Kündigungen durch die Kartengesellschaft möglich[230]. Die Kreditkarte dient demnach typischerweise dem bargeldlosen Zahlungsverkehr, nicht der Darlehensvergabe und darf von der POSTBANK ausgegeben werden.

e) Reisescheck

Die Vermittlung von Reiseschecks, auf die die POSTBANK seit 1982 statt der Ausgabe eigener Reiseschecks zurückgreift, ist bei historischer und teleologischer Auslegung des Art. 87 I GG unbedenklich. Zum einen gab es seit 1914 den Postkreditbrief, der 1930 vom Postreisescheck abgelöst wurde[231]; die Ausgabe von Reiseschecks war also bereits bekannt und üblich. Zudem ist unübersehbar, daß hier nur die Verkörperung des Geldwertes durch Münzen und Banknoten in mit besonderen Sicherheiten ausgestattete private Wertträger getauscht wird. Sie spielen eine ähnliche Rolle wie die bis in die 30er Jahre umlaufenden Privatbanknoten, die zwar nicht gesetzliche, aber allgemein akzeptierte Zahlungsmittel waren, die von einigen Stellen – vor allem von der ausge-

---

[229] *Merkel*, Kreditkarte, S. 35, 60 f. und 77 ff.

[230] *Merkel*, Kreditkarte, S. 60 f., 77 und 81.

[231] *Franz Schneider*, Jahrbuch der Deutschen Bundespost 1987, S. 101, 195.

benden Privatbank – angenommen werden mußten und deshalb gleich den Reichsbanknoten zirkulierten. In gleicher Weise ist der Reisescheck ein nichtgesetzliches Zahlungsmittel. Motiv für seine Ausgabe ist neben der Sicherheit gegen unbefugte Benutzung vor allem, daß er anders als nationale Banknoten, die nur im jeweiligen Land gesetzliches Zahlungsmittel sind, international akzeptiert wird und eingesetzt werden kann. So gesehen ist der Reisescheck eines der ersten internationalen Zahlungsmittel, weil die nationalen Währungssysteme an der Grenze oft versagen. Er dient damit auch dem bargeldlosen Zahlungsverkehr. Eine Kreditnahme durch Reiseschecks ist ausgeschlossen. Die Schecks müssen nämlich gekauft werden, d.h. ihr Nominalwert wird bereits gezahlt, wenn sie von der Bank ausgegeben werden. Damit ist eine Kreditvergabe durch die POSTBANK auf diesem Wege nicht möglich.

2. Bargeldverkehr

a) Barer Zahlungsverkehr

Die Post hat – wenn auch wegen der Tendenz zum bargeldlosen Zahlungsverkehr in immer geringerem Umfang – seit jeher für ihre Kunden Bargeld transportiert[232]. Historisch gesehen war dies sogar der Ursprung der POSTBANK-Dienste, die erst später aus Gründen der Bequemlichkeit und Sicherheit zum bargeldlosen Zahlungsverkehr überging. Die Posten hatten im 17. und 18. Jahrhundert teilweise das Monopol für die Geldbeförderung, so z.B. nach dem preußischen Postgesetz von 1852; hier wird die Post in ihrer klassischen Transportfunktion eingesetzt. Der Bargeldverkehr war auch zur Zeit des Erlasses des Grundgesetzes üblich. Gegen Bargeldbewegungen durch Zahlungs- oder Postanweisungen o.ä. ist deshalb nichts einzuwenden. Im Bargeldwesen wird die Post sogar ausdrücklich gesetzlich verpflichtet, eine staatsbankähnliche Funktion einzunehmen, denn § 3 II 2 Münzgesetz[233] hält sie an, Bundesmünzen wie die Bundesbank in unbegrenztem Umfang entgegenzunehmen[234]. Ihr ist vom heutigen Gesetz eine Rolle im Bargeldverkehr zugedacht.

---

[232] *Herrmann*, Die Deutsche Bundespost, S. 60.

[233] Vom 8.7.1950.

[234] Früher in §§ 4 I 3 MünzG v. 20.3.1924, RGBl. I S. 291, und 9 II 2 MünzG v. 30.8.1924, RGBl. II S. 254, ebenso angeordnet.

b) Sortendienst

Seit den 70er Jahren hat die POSTBANK auch den Sortendienst betrieben, d.h. Geldwechselgeschäfte vorgenommen. Dieser Dienst ist also – bezogen auf den Zeitpunkt 1948/49 – zu einem späteren Datum aufgenommen worden. Er hält sich jedoch im Rahmen der rechtlich zulässigen Tätigkeiten der POSTBANK. Das liegt daran, daß die Post historisch immer im Geldwechselgeschäft tätig war, obwohl sie das nicht – wie jetzt ausdrücklich geschehen – als Sortendienst angeboten hat. Grund dafür ist, daß Deutschland erst spät zu einem einheitlichen Währungssystem gefunden hat, häufig mehrere Währungen in einem Postgebiet nebeneinander bestanden[235] und der internationale Zahlungsverkehr an der Grenze stets zu Geldwechselgeschäften zwingt.

Erst das Münzgesetz vom 9.7.1873[236] ordnete in Art. 1 an, daß anstelle der in Deutschland geltenden Landeswährungen die Reichsgoldwährung trat; die alten Noten und Münzen galten bis 1876 weiter[237]. Bis dahin wurde von der Post Fremdwährungen angenommen und getauscht; wegen der über den jeweiligen Landesbereich hinausreichenden Beförderungswege war das gar nicht anders möglich. Ähnliches galt z.B. für die in Deutschland bis 1935 vorhandenen Privatbanknoten[238], für die als gesetzliche Zahlungsmittel bis 1948 gültigen Rentenbankscheine der deutschen Rentenbank[239], für die saarländischen Münzen im Jahr 1959 oder für das Notgeld der 20er Jahre. Die Post hat hier fremdes Geld gegen eigenes eingenommen und ausgezahlt. Im Ersten Weltkrieg hat sie eine maßgebliche Rolle in der Geldversorgung und beim Geldumtausch gespielt[240].

---

[235] Dazu z.B. *Rittmann*, Geldgeschichte, S. 5 ff., 25, 40 ff., 70 ff., 134 ff., 237 ff., 285, 293 ff., 343 ff., 408.

[236] RGBl. S. 233.

[237] Art. 18 des Gesetzes; § 1 ReichsbankG v. 14.3.1875, RGBl. S. 177. Die Reichsmünzen hatten sich erst am 1.10.1907 als ausschließliches Zahlungsmittel durchgesetzt; *Gramlich*, Bundesbankgesetz, Anm. 8 zu § 1 MünzG.

[238] 1875 waren noch 32 Banken ausgabeberechtigt; *Gramlich*, Bundesbankgesetz, Anm. 5 zu § 14 BBankG; ein Recht zur Ausgabe von Privatbanknoten gab es bis 31.12.1935; G zur Änderung des PrivatbanknotenGs v. 18.12.1933, RGBl. II S. 1034. Vgl. dazu *Huber*, Wirtschaftsverwaltungsrecht I, S. 492 und S. 551.

[239] VO v. 15.10.1923, RGBl. I S. 693; vgl. dazu *Huber*, Wirtschaftsverwaltungsrecht I, S. 551.

[240] VO v. 4.8.1914, RGBl. I S. 326; für die Jahre 1914-18 *Schilly*, in: *Jeserich / Pohl / v. Unruh* (Hrsg.), Deutsche Verwaltungsgeschichte, Band III, 1984, S. 403.

Gerade im historisch wesentlichen Zeitpunkt der Jahre 1948/49 waren verschiedene Noten in Deutschland im Umlauf, die zwar auf die Dauer eingezogen werden sollten, aber als gesetzliche Zahlungsmittel noch akzeptiert werden mußten. So hat § 1 Währungsgesetz vom 20.6.1948[241] als gesetzliche Zahlungsmittel vorgesehen: Deutsche Mark, Marknoten der Alliierten Militärbehörden, Rentenbankscheine, Reichs- und Rentenpfennigmünzen. Sie verloren erst mit dem 31.8.1948 die Kraft eines gesetzlichen Zahlungsmittels[242]. In ähnlicher Weise sieht heute die Anlage I Art. 1 IV 1 zum Staatsvertrag zur Währungs-, Wirtschafts- und Sozialunion[243] vor, daß die alten (Ost-) Markmünzen im Bereich der ehemaligen DDR noch als gesetzliches Zahlungsmittel gelten, bis sie von Bundesmünzen abgelöst werden. Daraus erhellt, daß die Post niemals darauf beschränkt war, ihren Bargeldverkehr nur durch die jeweils als gesetzliches Hauptzahlungsmittel geltenden Reichs- oder Bundesmünzen und -noten abzuwickeln[244].

Dazu kommt, daß es bei zunehmender Verflechtung der Wirtschaftsräume und für einen mit einer rechnerischen Währung ausgestatteten (ECU), aber gleichwohl mit nationalen Währungssystemen und nationalem Geld arbeitenden Europäischen Binnenmarkt unerläßlich ist, den Bargeldverkehr auch in fremden Devisen abzuwickeln. Je mehr sich die Mitgliedstaaten der EG auf ein einheitliches Wirtschaftssystem und auf einen Binnenmarkt hinbewegen, ohne zu einer Einheitswährung zu kommen, desto mehr ähnelt für die POSTBANK die Lage im Bargeldverkehr der im alten Deutschen Reich, als es noch unterschiedliche Landeswährungen oder zumindest mehrere gesetzliche oder allgemein akzeptierte Zahlungsmittel gab.

3. Sparverkehr

a) Herkömmlicher Postsparkassendienst

Nach § 1 Postsparkassenordnung nimmt die POSTBANK im Postsparkassendienst Spareinlagen an und verzinst sie. Damit bewegt sie sich in einem 1938 eingeführten, bis heute fast ohne Unterbrechung durchge-

---

[241] Beilage Nr. 5 S. 1 zum Gesetzblatt der Verwaltung des vereinigten Wirtschaftsgebietes 1948.

[242] § 1 III Währungsgesetz.

[243] V. 18.5.1990, BGBl. II, S. 537.

[244] Vgl. ferner z.B. § 4 MünzG v. 30.8.1924, RGBl. II S. 254.

führten Sparkassendienst. Die mittlerweile über 50jährige Tradition und die Kontinuität des Dienstes führen – wie oben bereits dargestellt – dazu, daß Art. 87 I GG diesen Dienst der POSTBANK verfassungsrechtlich legitimiert. Er ist derjenige Dienstzweig der Post, der sich völlig von der Transport- oder Übermittlungsfunktion entfernt hat. Ließ sich diese Funktion noch als typbildend beim Girodienst ausmachen, weil dort bargeldlos Vermögenswerte bewegt werden, so versteht man unter Sparen die Einlage von Geldern in der Weise, daß diese von der Bank entgegengenommen, später zum Nominalwert wieder zurückgegeben und jährlich verzinst werden. Eine irgendwie geartete Übermittlungsfunktion obliegt der Bank dabei nicht, denn sie gibt die Einlage demjenigen zurück, der sie ihr gebracht hat. Das Typische des Sparens ist vielmehr die Geldaufbewahrung mit der Garantie der vollständigen Rückgabe des Entgegengenommenen und die Verzinsung. Die Zulässigkeit dieses inzwischen schon klassischen Bankangebotes der POSTBANK steht mittlerweile außer Streit; das gleiche gilt für die sachliche Legitimation aus Daseinsvorsorgegründen[245].

b) Festgeld

aa) Einwand mangelnder Herkömmlichkeit

Die Post darf Termingelder, d.h. befristete Einlagen, im Rahmen des Postsparkassendienstes annehmen. Sie erfüllen alle typprägenden Merkmale des Sparens: es werden Einlagen geleistet, die zum Nennwert wieder zurückgegeben werden; diese Einlagen werden verzinst. Dennoch ist die Zulässigkeit der Annahme von Termingeldern durch die POSTBANK umstritten. Das liegt zum einen daran, daß die POSTBANK früher keine befristeten Termingelder angenommen hatte. Schwerwiegender wird aber die Tatsache bewertet, daß § 2 I Nr. 2 KWG die Deutsche Bundespost von der Beachtung der Regeln des KWG ausnimmt, § 2 II KWG dagegen anordnet, daß sie „hinsichtlich des Postscheck- und Postsparverkehrs den §§ 21 und 22 sowie den aufgrund der §§ 23, 47 I Nr. 2 und des § 48 getroffenen Regelungen" unterliegt. Der erste Einwand der mangelnden Herkömmlichkeit wiegt leicht, denn er stützt sich nur auf die Nebensächlichkeit einer für die Einlage vereinbarten Befristung, obwohl typprägend die Einlage und ihre Rückgewähr zum Nennwert sowie die Verzinsung sind, und würdigt nicht genügend, daß die im Spar-

---

[245] Z.B. jüngst erneut für die öffentlichen Sparkassen in BVerfGE 75, S. 192, 199, anerkannt; zur früheren Lage BVerfGE 64, S. 229, 240 f.

einlagengeschäft vorgesehene gesetzliche Kündigungsfrist des § 22 I 1 KWG von drei Monaten im Ergebnis ebenso zu einer gesetzlichen Festlegung führt (freilich erst zum Zeitpunkt der Kündigung statt zu dem der Einlage). Indes bedarf die Überlegung einer Beschränkung des Postsparkassendienstes auf Spareinlagen wegen der §§ 21 f. KWG der eingehenderen Erörterung.

bb) Verbot aus §§ 21 ff. KWG?

Diese Erwägung will die Bindung der Deutschen Bundespost an die §§ 21 und 22 KWG dahingehend auslegen, daß damit der Post nur die Entgegennahme von Spareinlagen erlaubt, das Führen befristeter Festgeldkonten aber untersagt sei, weil nach § 21 II 1 KWG befristet angenommene Geldbeträge nicht als Spareinlagen gelten. Diese Argumentation übersieht, daß das Gesetz über das Kreditwesen aus dem Jahre 1961 stammt und nach § 65 KWG am 1. Januar 1962 in Kraft getreten ist. Danach kann es die historische Auslegung des Art. 87 I GG schon aus zeitlichen Gründen nicht bestimmen. Eine Absicht späterer einfachgesetzlicher Beschränkung des Tätigkeitsbereichs der POSTBANK ist weder dem Gesetz noch den Materialien zu entnehmen. Seine Vorläufer, das KWG von 1934[246] sowie dessen Neubekanntmachung von 1939[247] enthielten keine solche Vorschrift. Da das KWG von 1934 unter landesrechtlich differenzierter Zuordnung der Bankaufsicht auch nach dem Kriege fortgalt[248], war zur Zeit des Erlasses des Grundgesetzes keine Einschränkung der POSTBANK auf die Entgegennahme von Spareinlagen vorgesehen[249].

Aber selbst wenn man die seit 1962 geltende gesetzliche Bestimmung über die Verbindlichkeit der §§ 21 f. KWG für die POSTBANK als bloße gesetzliche Fixierung eines bereits früher bestehenden Grundsatzes werten würde – was freilich eines detaillierten Nachweises bedürfte –, läßt sich kein Verbot von Festgeldanlagen aus dem KWG ableiten. Zum einen steht dem das Regelungsziel des KWG entgegen. Das KWG will – wie mittlerweile in § 6 KWG ausdrücklich festgelegt – im Wege der Aufsicht Mißständen im Kreditwesen entgegenwirken, um die Sicherheit

---

[246] RGBl. I S. 1203.

[247] RGBl. I S. 1955.

[248] *Szagunn / Wohlschieß*, KWG, 4. Aufl., Einleitung Rdnr. 10.

[249] Vgl. zur Exemtion *Hahn*, Die Postbank, S. 26; *Fangmann*, Verfassungsgarantie, S. 74; *Großfeld*, Postbank, S. 5 und 74.

der den Kreditinstituten anvertrauten Vermögenswerte und die ordnungsgemäße Durchführung der Bankgeschäfte zu gewährleisten sowie die Gefahr von erheblichen Nachteilen für die Gesamtwirtschaft zu vermeiden. Es handelt sich also um ein Gesetz zum Schutz der Wirtschaft und der Kunden der Kreditwirtschaft. Das läßt sich ebenso aus den einzelnen Aufsichtsnormen ablesen, die zum größten Teil – vor allem im Kreditgeschäft und in den Regelungen der Bankerlaubnis – den Wirtschafts- und Kundenschutz bezwecken. Mit der Annahme, § 2 II i.V.m. §§ 21 f. KWG hätten die möglichen Dienstleistungen der POSTBANK auf das Spareinlagengeschäft beschränken wollen, ersetzt man stillschweigend das Schutzziel der Norm durch eine Aufgabenzuweisung an die POSTBANK, ohne daß Gesetz oder Parlamentsmaterialien das rechtfertigen würden.

Auch die systematische Auslegung des KWG ergibt nichts anderes: Der Grund für die Ausnahmeregeln des § 2 II KWG mit seiner Verweisung auf die Spareinlagen i.S.d. §§ 21 f. KWG liegt darin, daß in § 2 I Nr. 2 KWG die Deutsche Bundespost grundsätzlich von der Geltung der Vorschriften des KWG ausgenommen wurde, weil offensichtlich kein Überwachungsbedarf aus Kundenschutzgründen bei einer staatlich geführten Bundeseinrichtung bestand und weil man aus Hierarchiegründen das Bundesaufsichtsamt nicht über Verfassungsorgane des Bundes stellen wollte[250]. Die partielle Unterstellung der POSTBANK in § 2 II KWG unter die Regeln des Sparverkehrs begrenzt deshalb keine Aufgaben der POSTBANK, sondern sagt nur, daß sie an die Vorschriften für Spareinlagen gebunden wäre, *wenn* sie sich in diesem Bereich bewegt. Man war nämlich der Ansicht, daß in diesem Fall die Post aus Gründen der Wettbewerbsgleichheit denselben Regeln wie andere Banken unterstehen sollte[251].

Des weiteren ging der Gesetzgeber davon aus[252], die Post betriebe Bankgeschäfte i.S.d. § 1 Nr. 1 KWG. Dort sind aber generell die Ein-

---

[250] Reg.-Entw. zum KWG, BT-Drs. II/1114, S. 27; *Eidenmüller*, DÖV 1986, S. 408, 412; *Beck*, KWG, Rdnr. 30 zu § 2; *Schork*, KWG, Rdnr. 6 zu § 2. Andere öffentliche Institutionen, nämlich Sozialversicherungsträger und Bundesanstalt für Arbeit, sind sogar gerade vom KWG freigestellt, *weil* sie auch Kreditgeschäfte betreiben, nicht etwa weil man das nicht vermutete (so Bericht des Wirtschaftsausschusses zum KWG-Entwurf [„Ruland-Bericht"], zitiert bei *Beck*, KWG, Vor § 1 S. 4).

[251] So z.B. *Szagunn / Wohlschieß*, KWG, Rdnr. 3 zu § 2; ebenso Regierungsentwurf BT-Drs. III/1114, S. 27 f.

[252] Reg.-Entw., a.a.O.

lagengeschäfte definiert, die sich in Sicht-, Spar- und Termineinlagen aufteilen; von einer weitergehenden Beschränkung auf Spareinlagen durch eine Verweisung auf §§ 21 f. KWG kann deshalb nicht die Rede sein.

Zudem wollen die §§ 21 f. KWG gar nicht materiell den Sparverkehr anhand des Inhalts solcher Rechtsverhältnisse abgrenzen (und damit nach dieser Ansicht der Postbank einen begrenzten Bereich des Sparens zuweisen), sondern verstehen den Begriff des Sparverkehrs allein formell, um alle als Spareinlagen bezeichneten Geschäfte zum Zwecke des Kundenschutzes auf bestimmte Bedingungen festzulegen. Es ergibt sich aus § 21 I KWG, daß Sparverkehr dann vorliegt, wenn eine Bank Spareinlagen als solche kennzeichnet[253]. Die ausdrückliche Kennzeichnung unterwirft ein solches Konto den Regeln der §§ 21 f. KWG. Der bloß formelle, durch die Bezeichnung der Bank begründete Tatbestand des Sparverkehrs sollte dem Kunden die Gewähr bieten, daß eine als Spareinlage bezeichnete Einlage stets zu bestimmten, in den vorbezeichneten §§ ausgewiesenen Konditionen ausgegeben wurde[254]. Versteht man die §§ 21 f. KWG dennoch als Aufgabennorm für die POSTBANK, so könnte sie durch die formelle Bezeichnung als Spareinlage ihre Aufgabe in gewissem Umfang selbst bestimmen. Die §§ 21 f. KWG wollen aber nur als Ordnungsvorschrift die Einlagearten voneinander abgrenzen.

cc) Zuwachs nach Änderung des Kundenverhaltens

Folgt man dennoch der Ansicht von einer Aufgabenzuweisung an die POSTBANK, so wäre als nächstes die Frage einer teleologischen Auslegung des Art. 87 I GG zu beantworten, nämlich ob die Post durch die Entwicklung des Sparmarktes mittlerweile Festgelder annehmen muß, um ihre Aufgabe erfüllen zu können, das Sparen zu fördern und zu betreiben. Da der Bankkunde im Einlagengeschäft zunehmend ertragsbewußter und in den Banktechniken versierter wird, und weil sich nach den Umfragen und Statistiken das Spargeschäft vom Sparverkehr i.S.d. KWG auf Termineinlagen verschiebt[255], würde die POSTBANK ihrer Aufgabe zukünftig nicht mehr hinreichend gerecht werden, falls sie nicht ebenfalls Festgeldkonten anböte. Funktionserwägungen und Marktveränderungen führen also ebenfalls zur Zulässigkeit dieser Geschäftsart; der POST-

---

[253] So auch die Regierungsbegründung zu § 20 des Entwurfs, dem jetzigen § 21.

[254] Reg.-Entw. zum KWG, BT-Drs. III/1114, S. 36.

[255] Vgl. z.B. *Großfeld*, Postbank, S. 59 f.

BANK würde wegen ihrer Aufgabenstellung zumindest dieser Bereich zuwachsen.

c) Beurkundete Festanlage

aa) Irrelevanz der Einordnung als Effektengeschäft i.S.d. § 1 Nr. 4 KWG

Als beurkundete Festanlagen kommen für die POSTBANK Sparbriefe, Postanleihen, Anleihen Dritter, Aktien und ähnliche (echte) Wertpapiere in Betracht. Die Post würde mit deren Ausgabe Neuland betreten. Sie hat zwar bereits früher zuweilen Staatsanleihen u.ä. ausgegeben[256]. Das hat aber nur von Zeit zu Zeit stattgefunden, nicht diejenige historische Kontinuität erreicht, daß man die Vermittlung von Anleihen zu den herkömmlichen Diensten zählen dürfte.

Mit der Ausgabe von echten Wertpapieren, der Vergabe von Staatsanleihen in Form von Wertrechten, eventuell auch mit der Ausstellung von Sparbriefen, würde sich die POSTBANK in das Effektengeschäft nach § 1 Nr. 4 KWG als Kommissionär begeben, soweit sie Papiere für andere anschafft oder veräußert. Auch bei Zuordnung der genannten Geschäfte zum Effektengeschäft des KWG ist damit aber keine Aussage über die Zulässigkeit des Betreibens dieser Geschäfte für die POSTBANK verbunden, denn das bestimmt sich nicht nach einer im Jahre 1961 getroffenen, zu Zwecken der Bankenaufsicht geregelten Einteilung möglicher Bankgeschäfte, sondern aus der historischen und funktionalen Auslegung des Art. 87 I GG und den späteren gesetzgeberischen Entscheidungen besonderer Postgesetze in dem durch die Verfassung vorgesehenen Rahmen.

Des weiteren müßte die Annahme einer Unzuständigkeit der POSTBANK durch eine Argumentation mit § 1 KWG den oben angedeuteten Streit über die Wertpapiereigenschaft von Sparbriefen, Staatsanleihen u.ä. zuvor bejahend treffen. Zuletzt könnte eine Unzulässigkeit solcher Geschäfte für die POSTBANK nur angenommen werden, wenn die Bank „für andere" Wertpapiere anschafft und veräußert. Damit sind nach unbestrittener Ansicht nur Kommissionsgeschäfte – auch im Sonderfall des Selbsteintritts –, d.h. Maklergeschäfte, gemeint. Sobald die POST-

---

[256] Z.B. Kriegsanleihen im 1. Weltkrieg; *Schilly*, in: *Jeserich / Pohl / v. Unruh* (Hrsg.), Deutsche Verwaltungsgeschichte, Band III, 1984, S. 403, oder „Baby-Bonds" im Jahr 1951; *Hahn*, Die Postbank, S. 105.

BANK im eigenen Namen und für eigene Rechnung Wertpapiere veräußert, würde das nicht mehr zum Effektengeschäft rechnen. Damit entfallen bei der Ausgabe von Sparbriefen und eigenen Postanleihen Bedenken gegen eine Zulässigkeit dieser Geschäfte für die POSTBANK aufgrund der Einordnung der Bankgeschäfte in die Systematik des KWG; es bliebe nur die Veräußerung von Wertpapieren an die Postkunden im eigenen Namen für fremde Rechnung für die Beweisführung anhand des KWG übrig.

Zu rekurrieren ist vielmehr wieder auf die für die historische und teleologische Auslegung entscheidende Frage, ob sich ein solches Geschäftsverhalten noch im Bereich des Sparens und seiner Entwicklung auf dem Markt bewegt. Im Bereich des Giroverkehrs liegt es offensichtlich nicht; ebenso liegt auf der Hand, daß hier kein Kreditgeschäft vorgenommen wird, denn der Kunde erhält kein Darlehen, sondern gibt Geld zum Ziel der Verzinsung und Rückgewähr.

bb) Sparbrief

Wenn die POSTBANK Sparbriefe ausgibt, so wird das materielle, zivilrechtliche Rechtsverhältnis zwischen Kunde und POSTBANK in der gleichen Weise wie bei der Anlage und Verbuchung von Geldern auf Festgeldkonten geprägt. Für eine befristete Zeit wird die Einlage festgelegt; sie wird verzinst und zum Nennwert mit Ablauf der Festlegungsfrist zurückgezahlt. Statt der in § 21 I KWG angesprochenen Sparbücher wird über dieses Geschäft eine andere Sparurkunde ausgestellt. Mit Ausnahme dieser Abweichungen erfüllt der Vorgang damit ökonomisch und rechtlich alle Merkmale des Sparens i.S.d. eingangs vorgestellten, typischen und für Art. 87 I GG wesentlichen Sparbegriffs. Er zählt allerdings nicht mehr zum Sparverkehr im Sinne des für die Auslegung des Art. 87 I GG unwesentlichen KWG. Letztlich handelt es sich um ein Festgeldkonto mit besonderer Urkunde. Diese Urkunde wäre in erster Linie von der technischen Abwicklung des Bankgeschäfts gefordert, ohne wesentliche rechtliche Unterschiede zu begründen. Auf dem Bankmarkt dient sie zur Standardisierung derartiger Einlagengeschäfte und erfüllt damit vor allem die Forderung nach generell konditionierten Massengeschäften der POSTBANK im Gegensatz zum individuell ausgehandelten Einlagengeschäft. An dieser postrechtlichen Beurteilung würde sich nichts ändern, wenn die Sparbriefe zivilrechtlich nicht unter die Urkunden des § 808 BGB eingeordnet, sondern den echten Wertpapieren i.S.d. § 793 BGB zugeschlagen würden. Dann würde allerdings die Einordnung i.S.d.

§ 1 I KWG wechseln; sie ist aber für die Beantwortung der Frage nach der Zulässigkeit postalischen Handelns unerheblich.

cc) Staatsanleihe

Bei der Ausgabe von Staatsanleihen in Form von Wertrechten wechselt die zivilrechtliche Beurteilung solcher Einlagen. Wie bereits dargestellt[257], werden seit 1972 Staatsanleihen nicht mehr in einem Wertpapier verbrieft, sondern im Schuldbuch eingetragen und von den Banken unter Einschaltung einer Wertpapiersammelbank a conto vergeben. Im Gegensatz zu der Entwicklung vom lediglich obligatorischen Termingeld zum einlageverkörpernden Sparbrief hat sich hier zivilrechtlich die Entwicklung in der entgegengesetzten Richtung bewegt: Vom echten Wertpapier ging sie zur obligatorischen Forderung, die nur kontenmäßig verbucht, aber zur Sicherheit des Einlegers zivilrechtlich weitgehend den Wertpapieren gleichgestellt wird. Diese Entwicklung führt dazu, daß man die Vergabe solcher Wertrechte zu den Effektengeschäften i.S.d. § 1 I Nr. 4 KWG zählt.

An der Tatsache, daß sie gleichfalls zum Sparen i.S.d. Art. 87 I GG gehören, ändert sich dadurch nichts. Bereits die Ausgestaltung als Wertrecht indiziert, daß es sich um Sparen i.S.d. Art. 87 I GG handelt. Hier wird ebenfalls mit standardisierten Konditionen eine befristete Einlage geleistet, die zum vollen Nennwert und mit Zinsen zurückgezahlt wird. Ob die Zinsen dabei jährlich gezahlt und prozentual ermittelt oder ob sie bei der Rückzahlung des Einlagekapitals insgesamt aufgeschlagen und zurückgezahlt werden, ändert nichts an der rechtlichen Beurteilung.

Sie geraten ferner nicht in das der POSTBANK verschlossene Spekulationsgeschäft, weil sie auf einen fixen Nennwert lauten und fest verzinst werden. Der Einwand, auch bei diesen Anleihen schwanke der Wert entsprechend der Bewegungen des Geld- und Kapitalmarktes, sticht nicht, denn solche Schwankungen ändern weder die rechtlichen Konditionen der vollständigen Rückzahlung zum Nominalwert noch der festen Verzinsung und halten sich in geringem Rahmen. Es sind ökonomisch Einlagen, nicht Spekulationspapiere wie z.B. Aktien, weil das Motiv des Kapitalengagements primär in Kapitalgewinn und Sicherheit, nicht im Gewinn aus Wert- oder Renditeschwankungen liegt. Eine geringere, rein ökonomische Wertveränderung während der Laufzeit der Anleihen ist

---

[257] S. S. 25 f.

auf diesem Markt in der gleichen Weise üblich wie die Kaufkraft und der Kurswert von Zahlungsmitteln schwankt.

dd) Wertpapier

Gibt die Post Anleihen in Form von (echten) Wertpapieren aus, so läßt sich nicht von vorneherein für jegliches Wertpapier sagen, ob es sich noch im Bereich des typischen Sparens hält. Die Verkörperung als solche ist – wie bei den Sparbriefen – belanglos für die Zuordnung zum Tätigkeitsbereich der POSTBANK, denn sie ist bloße Dokumentations- und Übertragungstechnik. Der damit bewirkte Effekt der Übertragbarkeit und der Börsenhandel nach Kurswerten bringen hier aber Elemente in das Kapitalanlagengeschäft, die einen Teil der Wertpapiergeschäfte deutlich außerhalb des Sparens stellen. Solange eine Anleihe in Form eines Wertpapiers mit einem festen Nennwert versehen ist, zu diesem Nennwert später zurückgezahlt und verzinst wird, ist dieses Papier zwar typischerweise zum Sparen einzusetzen.

Fraglich wird das aber, wenn das Papier vor der Rückzahlung nicht nur im Kurs schwankt, sondern mit diesem Kurswert auch spekuliert wird, und wenn statt verbindlich vereinbarter Verzinsung nur eine aus den ökonomischen Ergebnissen des jeweiligen Geschäftsjahres zu zahlende Dividende in Aussicht steht. Der Spekulant setzt auf ungewissen Erfolg, weil er höheren Ertrag erzielen will, dem Sparer geht es um rechtssichere Verzinsung und spätere, vollständige Kapitalrückgabe. Der typischer Einsatz zur Spekulation betrifft nicht mehr das Sparen, weil hier nicht die Einlage wertmäßig aufbewahrt und verzinst, sondern durch Wertveränderungen der Einlage selbst Gewinne erzielt werden sollen, Verluste gemacht werden können und eine bloße Renditeaussicht besteht. Daß Papiere überhaupt im Kurswert schwanken, ist für eine Zuordnung zum Sparen noch nicht schädlich, denn es gibt auch im Sparen gute und schlechte Einlagen, die sogar im Extremfall mit Abschlag bedient werden oder verfallen können.

Wenn die POSTBANK Rentenpapiere mit festem Wert und fester Verzinsung ausgibt, die zwar im Kurswert schwanken können, aber nicht typisches Spekulationsobjekt sind, so dürfte dies noch in den Bereich des Sparens und damit in die Kompetenz der POSTBANK fallen. Sobald diese Papiere aber erfahrungsgemäß ihren Kurs in der Weise ändern, daß eine Spekulation mit ihnen nicht nur denkbar, sondern als Ziel der Kapitalanlage regelmäßig zu vermuten ist, würde sich die POSTBANK bei einer Beteiligung daran trotz des gleichbleibenden Rückzahlungswerts und der gleichbleibenden Verzinsung am Spekulieren beteiligen. In solchen Fällen bliebe ihr allenfalls die Erstemission solcher Papiere, weil erst ein nachfolgender Veräußerungsakt an Dritte Spekulationsgeschäft wäre, das aber ausgeschlossen bliebe, wenn der Kunde das Papier die gesamte Laufzeit hält. Die Post dürfte in keinem Fall im Kurswert deutlich gesunkene oder gestiegene Rentenpapiere von ihren Kunden zurückkaufen, damit diese sich an der Spekulation beteiligen können. Die Pflege des Kurses eigener Postpapiere auf dem Geld- und Kapitalmarkt bleibt davon unberührt, denn dort wird die Post nicht in ihrer Aufgabe zur Daseinsvorsorge gegenüber ihren Kunden tätig, sondern betreibt wie der Gesamtstaat lediglich Kurspflege für Liquiditätsbedürfnisse.

Eine zahlenmäßige Grenze, wann das typische Sparen verlassen wird und die typische Spekulation einsetzt, ist freilich von der Verfassung nicht präzis angegeben. Es muß im Einzelfall nach den aufgezeigten Gesichtspunkten gewichtet werden. Der Handel mit Aktien oder ähnlichen Wertpapieren, die weder eine feste Verzinsung vorsehen, sondern Dividenden oder sonstige Renditen aus Unternehmenserträgen mit wechselnder Höhe erbringen, noch rückgezahlt werden oder einen festen Kurswert aufweisen, dienen typischerweise zur Spekulation; hier darf die POSTBANK aus Verfassungsgründen nicht tätig werden. Das käme allenfalls nach deutlichen, empirisch belegbaren Änderungen im Sparverhalten des Publikums im Wege des Zuwachses zum Bereich des Sparens in Betracht.

4. Investmentsparen

a) Ausländisches Investmentmodell

Auf dem Investmentmarkt könnte sich die POSTBANK auf zwei Weisen beteiligen: Ausländische, im Wert offene Fonds geben Aktien einer im Grundkapital nicht fixierten AG aus, die mit ihrem Aktienkapital am Markt spekuliert. Entsprechend den Spekulationserfolgen steigt oder sinkt der Wert der Aktie und der Wert des Grundkapitals der AG. Für diese Fälle gilt das oben zu den echten Wertpapieren Ausgeführte; es handelt sich um typische Spekulation, die nur von der Investmentaktiengesellschaft professioneller betrieben wird, als es der individuelle Anleger könnte.

b) Investment nach deutschem KAGG

Nach deutschem Investmentrecht werden aber – und daran knüpft das „Investmentgeschäft" des § 1 I Nr. 6 KWG an – laut § 1 Gesetz über Kapitalanlagegesellschaften (KAGG)[258] Investmentgeschäfte von Kapitalgesellschaften durchgeführt, indem sie bei ihnen gezeichnete Beträge in eigenem Namen für gemeinschaftliche Rechnung der Anleger gesondert vom eigenen Vermögen anlegen und über die hieraus sich ergebenden Rechte an Sondervermögen Anteilscheine ausstellen. Die Spekulation findet also nicht mit dem Aktienkapital statt, der Erfolg der Spekulation wird nicht dem Kunden über die Aktie der Gesellschaft selbst vermittelt, sondern die AG führt für die Anlage ein organisatorisch und rechtlich separiertes und besonders abgesichertes Sondervermögen, an welchem die Anteilseigner über Investmentzertifikate beteiligt sind.

Bei dieser in § 1 KAGG vorgezeichneten Form der Kapitalanlage läßt sich darüber streiten, ob sie noch zum Sparen oder schon zum Spekulieren zählt. Da die Kapitalanlagegesellschaften deutschen Rechts ihr Geld in Wertpapieren, in Beteiligungen als stille Gesellschafter oder in Grundstücken anlegen können, läßt sich die Bewertung nicht über einen Leisten schlagen. Weil die POSTBANK sich bei einer Übernahme solcher Leistungsangebote auf Wertpapiersondervermögen konzentrieren würde, kann sich die Untersuchung auf diesen Fall deutschen Investments beschränken. Dann liegt der Fall klar vor Augen: Typischerweise ist die Ausgabe von Investmentzertifikaten Spekulationsgeschäft, denn Sondervermögen und Zertifikat vermitteln nur das wirtschaftliche Ergebnis professionellen Spekulierens in Wertpapieren. Damit werden zwar zusätzlich Sicherungen rechtlicher, organisatorischer und Fachkunde garantierender Art im deutschen Investmentrecht eingebaut; es bleibt aber die Spekulation mit dem Wert des Papieres und die ungewisse Rendite statt einer festen Verzinsung. Nach der rechtlichen Konstruktion gehört das Investmentsparen damit zur Zeit nicht zu den zulässigen Tätigkeiten der POSTBANK.

Wenn das Investmentsparen für das im Bankengeschäft immer versiertere und kundigere Publikum jedoch allmählich zu einer üblichen Anlageform wird, die den Sparverkehr alten Stils verdrängt und ersetzt[259], sofern also mit anderen Worten die Daseinsvorsorge für das

---

[258] I.d.F. d. Bek. vom 14.1.1970, BGBl. I S. 127.

[259] Bereits heute werden in Deutschland 80 % der Fonds über Banken vertrieben; *Dembowski*, ZfKW 1990, S. 756.

sparende Publikum andere Formen zur Befriedigung des gleichen Bedürfnisses benötigt, kann nicht ausgeschlossen werden, daß das Investmentsparen in den Bereich des typischen Sparens hineinwächst. Das könnte möglich werden, wenn der „klassische Sparer“ sich vermehrt dieser Formen bedient und die herkömmlichen verläßt; Anzeichen für eine solche Bewegung, vor allem in sog. „geldmarktnahe Fonds“, die fast kein Kursrisiko aufweisen, sind in der Bundesrepublik Deutschland bereits zu finden[260]; dann kann sich der Sparmarkt wandeln[261]. Der gleichbleibende Auftrag zur Betreuung des Sparens würde die Bundespost dann berechtigen, diese Aufgabe in neuen Sparformen zu bewältigen, sogar wenn diese zugleich einen spekulativen Charakter aufweisen.

Dabei wird der POSTBANK aber – wenn die Entwicklung auf dem Sparmarkt empirisch belegbar so verläuft – dafür Sorge tragen müssen, daß das spekulative Element in ihrem Investmentgeschäft weitgehend ausgeschaltet wird zugunsten einer Sicherung des Wertes, der Rückzahlung und der fixen Verzinsung der Einlage. Die Bedenken eines von ihrer Kompetenz nicht gedeckten Hineindrängens in Spekulationsgeschäfte würde bei Investmentgeschäften schneller und nachhaltiger ausgeräumt, wenn die Post Fonds aus festverzinslichen Rentenpapieren ohne Kursrisiko auflegen würde, weil das Zertifikat dann die Bewertung des in das Sondervermögen genommenen Rentenpapiers teilt, oder wenn die Post eine Kursgarantie vereinbart oder eine Mindestrendite zusichert. Je mehr sich aber ein Investmentfonds mit Spekulationen, vor allem mit Aktien ohne Verzinsung und ohne gesicherte Rückzahlung befaßt, desto weiter entfernt er sich vom herkömmlichen Sparbegriff.

5. Versicherungsgeschäft

a) Typischer Gegensatz zur Kapitalanlage

Der Abschluß von Versicherungsgeschäften steht zur Zeit am weitesten außerhalb des Sparens oder des Zahlungsverkehrs. Während beim Zahlungsverkehr Geld bewegt und beim Sparen Einlagen verzinst und später zum vollen Nennwert zurückgezahlt werden, ist es für das Versicherungsgeschäft typisch, daß ein Risiko durch eine finanzielle Garantiezusage gegen Prämie abgedeckt wird. Jedoch gibt es auch Zwischen-

---

[260] Z.B. der in der Süddeutschen Zeitung v. 6.10.1990, S. 9, angekündigte „Quasi-Geldmarktfonds“ der Münchner Kapitalanlage AG.

[261] Zur Wandlung des Sparmarktes vgl. z.B. *Breuer*, ZfKW 1990, S. 752 ff.

formen wie z.B. die Kapitallebensversicherung, die – versicherungstypisch – bei eingetretenem Risiko, aber auch – versicherungsuntypisch – bei Erreichen eines bestimmten Lebensalters dem Versicherungsnehmer das eingelegte Kapital und die erzielten Zinsen unter Abzug von Verwaltungskosten auszahlt. Das nähert diese Zwischenformen wieder an das Sparen an; sie können doppelte Funktion[262] entfalten.

Es kann aber kein Zweifel daran bestehen, daß historisch gesehen das typische Versicherungsgeschäft etwas völlig anderes ist als das Einlagengeschäft. Auch der Vertragsinhalt ist different[263]; die diesen Geschäften zugrundeliegenden allgemeinen Konditionen – auf der einen Seite die Allgemeinen und die Besonderen Versicherungsbedingungen, auf der anderen Seite die Allgemeinen Geschäftsbedingungen der Banken – sind völlig unterschiedlich, die Organisation und Form der Anbieter war bis vor kurzem deutlich different und auch die Aufsicht und die gesetzliche Regelung ist wegen des verschiedenen Geschäftsgegenstandes und der daraus resultierenden andersgearteten Risiken und Schutzbedürfnisse von Wirtschaft und Kunden unterschiedlich. Das Bankenrecht wird allgemein vom KWG geregelt und vom Bundesaufsichtsamt für das Kreditwesen und der Bundesbank beaufsichtigt, im Versicherungswesen regieren Versicherungsvertrags- und Versicherungsaufsichtsgesetz sowie das Bundesaufsichtsamt für das Versicherungswesen. Diese Unterschiede zeigen deutlich die bisherige Trennung beider Bereiche auf dem Markt. Deshalb fällt der Abschluß oder die Vermittlung von Versicherungsgeschäften grundsätzlich nicht in die Zuständigkeit der POSTBANK.

b) Beginnende Verzahnung

Es ist aber nicht zu leugnen, daß sich in letzter Zeit beide Bereiche verzahnt und vermischt haben. In heutigen Verträgen werden Elemente des Versicherns und des Sparens kombiniert, wie z.B. in der oben beschriebenen Kapitallebensversicherung; zugleich werden sparunterstützende Versicherungsleistungen angeboten, wie z.B. Restschuldversicherungen. Auch die Anbieter von Versicherungs- und Sparleistungen sind nicht mehr so deutlich getrennt wie früher. Unter dem Schlagwort des „Allfinanz-Instituts“ rückten Banken und Versicherungen durch Fusionen oder enge Kooperationen im Leistungsangebot in den letzten Jahren

---

[262] Dazu siehe unten S. 95/96.

[263] Sparen ist Geldhingabe gegen Zinsen, Versichern Risikoabdeckung gegen Prämie.

dicht zusammen oder verschmelzen; sie bieten statt Einzelleistungen vermehrt Systeme oder „Pakete“ aus Leistungskombinationen an. Solange das auf geschäftspolitischen Überlegungen oder ähnlichem beruht, ist diese Veränderung ohne Relevanz für die POSTBANK und ihre Zuständigkeit. Sollte aber eines Tages der Fall eintreten, daß infolge des Zusammenrückens privater Banken und Versicherungen ein Bankkunde Zahlungsverkehrs- oder Sparangebote nicht mehr akzeptiert, wenn sie nicht mit begleitenden oder auch selbstständigen Versicherungsleistungen verbunden sind, so hätte sich der Bankmarkt im Bereich des Zahlungs- und Sparverkehrs in der Weise gewandelt, daß auch Versicherungen zum Giro- und Spargeschäft zählen würden. Dann würde der POSTBANK diese Kompetenz zuwachsen. Das bedarf freilich wieder einer tatsächlichen Entwicklung im Bankengeschäft, die Giro- oder Einlagengeschäft in den Augen der Kunden untrennbar mit Versicherungsangeboten verzahnt. Das bloße Streben der POSTBANK, auch in diesem expandierenden Markt tätig zu werden, verändert ihre Zuständigkeit nicht.

In gleicher Weise und unter denselben (empirisch zu belegenden) Voraussetzungen könnten Versicherungsverträge in das Sparen hineinwachsen und damit in die Kompetenz der POSTBANK wandern, sofern sich auf dem Sparmarkt Versicherungen etablieren, die nach einer Frist auch ohne Risikoeintritt die Versicherungssumme zurückzahlen, wie es z.B. bei Kapitallebensversicherungen geschieht. Auch hier ist aber zu fordern, daß der Markt sich zuvor in einer Weise entwickelt hat, daß solche Versicherungen Sparverträge substituieren und das Publikum sie als übliche Form des Sparens erwartet.

c) Versicherungssparen

Zur Zeit sind nur zwei Angebote der POSTBANK, die Versicherungsleistungen am Rande von POSTBANK-Diensten einschließen, von ihrer Kompetenz gedeckt. Zum einen das sog. „Versicherungssparen“, in dem mit dem Abschluß eines Ratensparvertrages zugleich eine Versicherung abgeschlossen wird, die ausschließlich den Zweck hat, bei Tod des Sparers bis zum Ende der Zahlungsverpflichtung die Ratenzahlungen durch die Versicherung abzudecken. Versichertes Risiko ist also allein der Fortgang des Spargeschehens. In dieser engen Bindung des Risikos an die Hauptleistung des Sparens und in der Vereinbarung in einem einzigen Vertrag kann noch kein Überschreiten der Zuständigkeit der POSTBANK für das Sparen gesehen werden, denn am Markt sind solche Angebote mittlerweile in derselben Weise üblich, wie z.B. die Bundesbahn Reise(-gepäck-)versicherungen anbieten darf oder die Deutsche Bundespost im Postdienst schon seit über hundert Jahren Transportversicherungen für die von ihr übermittelten Briefe und Pakete ohne Kompetenzbedenken abschließt. Gegen diese Form des Versicherungssparens ist deshalb nichts einzuwenden.

d) Begleitversicherung zur Kreditkarte

Aus den gleichen Gründen wird die Zuständigkeit für Girogeschäfte nicht übeschritten, wenn die POSTBANK im Zusammenhang mit der Ausgabe der Eurocard die branchenüblichen Versicherungsleistungen (Reiseversicherung gegen Unfälle, Gepäckverluste u.ä.) in standardisierter Form dem Hauptangebot der Karte beifügt. Auch solche Leistungen sind seit Einführung der Kreditkarten allgemein üblich; sie werden vom Kunden als selbstverständlich betrachtet und von den Kartenorganisationen werbewirksam ausgenutzt. Daß diese wie das Versicherungssparen deutlich der in der Postzuständigkeit liegenden Hauptleistung untergeordnet sind und heutzutage zum selbstverständlichen Bereich des Girogeschäfts zählen, wird vor allem daraus deutlich, daß sich die Post bisher in das privatrechtlich geregelte, von den anderen Banken eingerichtete Eurocard-System eingefügt hat. Der Bankenmarkt hat sich mittlerweile auf einige weltumspannende und die Einzelbanken übergreifende Kreditkartensysteme geeinigt (Eurocard, Visacard, Masters Card u.ä.). Bei der Vermittlung der von Dritten ausgegebenen Karten mußte sich die POSTBANK den dort vorhandenen Zusatzangeboten auch im Bereich der Versicherungen anschließen. Die Bankenwirtschaft hat damit die POSTBANK zu diesen Nebenleistungen veranlaßt; sie sind als Begleitversicherungen zur postalischen Hauptleistung zulässig. Das gilt vor allem, wenn die POSTBANK sich einer privatrechtlich mit stets identischen Leistungen operierenden Kartenorganisation anschließt. Das würde aber auch zum Beifügen solcher Begleitversicherungen berechtigen, wenn sie später eine eigene Karte herausgeben sollte, weil diese Nebenleistungen branchenüblich sind und der Kunde die Karte ohne diese Nebenleistungen nicht mehr akzeptiert.

C. Grenzen der POSTBANK-Befugnisse zur Grundrechtssicherung und aus allgemeinen Verfassungsprinzipien

I. Der Gegensatz zwischen öffentlichen Kompetenzen und privaten Grundrechtsfreiheiten und seine Bedeutung für die POSTBANK-Befugnisse

Die Grundrechte sichern dem privaten Individuum und juristischen Personen i.S.d. Art. 19 III GG[264] Freiheitsbereiche vor staatlichem Zugriff, indem sie ihnen entsprechende Abwehrrechte zuordnen. Innerhalb dieses Schutzbereichs dürfen sie grundsätzlich ihr Grundrecht ohne Beeinträchtigung durch den Staat nach eigenen Motiven und Vorstellungen betätigen. Im Bereich der Wirtschaft wird das zivilrechtlich und grundrechtsübergreifend in erster Linie im Begriff der Privatautonomie erfaßt[265]. Diese Grundrechte stehen Privaten zu; Grundrechtsverpflichteter ist der Staat. Daraus ergibt sich, daß der Staat selbst grundsätzlich nicht Inhaber von Grundrechten sein kann[266]. Das gilt zweifellos auch für die POSTBANK, denn sie bildet nach Art. 87 I GG und §§ 1 ff. PostVerfG einen Teil der Bundesverwaltung. Sie kann aus Grundrechten keine Befugnisse herleiten, im Gegenteil können Grundrechte ihre Befugnisse einschränken.

Die öffentliche Hand ist im Rechtsstaat verfassungsrechtlich organisierte und damit gezügelte Staatsmacht. Wo die natürlichen Freiheiten des privaten Individuums nur grundrechtlich gesichert werden müssen, bedarf der Staat stets einer Kompetenzgrundlage für sein Handeln. Während man sich in manchen Bereichen mit einer bloßen Zuständigkeitsbeschreibung begnügen kann, muß in den Bereichen der Eingriffe und der Grundsatzfragen i.S.d. Wesentlichkeitslehre des Bundesverfassungsgerichts eine Befugnisgrundlage in gesetzlicher Form vorhanden sein, die

---

[264] Z.B. BVerfGE 65, S. 196, 210; 50, S. 290, 319; 10, S. 89, 99.

[265] Ähnlich BVerfGE 7, S. 198, 205 f.

[266] Z.B. BVerfGE 75, S. 192, 196; 68, S. 193, 206; 21, S. 362, 369 f.

eine materielle Ermächtigung enthält[267]. Erst aufgrund dieses „Titels“ darf der Staat handeln, sonst ist es ihm auch dann versagt, wenn der an sich zuständigen Behörde ein Handeln zweckmäßig oder erforderlich erschiene.

Dabei wogt der Streit heftig hin und her, inwieweit der Staat aufgrund bloßer Zuständigkeitsregelungen ohne materielle Befugnisnorm im privatrechtlichen Bereich tätig werden darf. Dieser Streit konzentriert sich aber auf die fiskalischen Hilfsgeschäfte und die erwerbswirtschaftliche Tätigkeit des Staates, also auf jene Bereiche, wo er ohne hoheitliche Zwangsgewalt auftritt und außerhalb seines staatlichen Aufgabenbereichs tätig wird. Unbestritten ist aber, daß der Staat bei Erfüllung von Staatsaufgaben neben der Zuständigkeitsnorm einer Befugnisgrundlage bedarf, wenn er im Grundrechtsbereich Dritter agiert. Dabei bleibt unerheblich, ob er sich den Formen des hoheitlichen Zwangsrechts oder des Zivilrechts unter Gleichgeordneten bedient; auch im Bereich des sog. Verwaltungsprivatrechts bedarf er einer Ermächtigung. Selbst wenn man den Streit unentschieden läßt, ob der Staat für fiskalische Hilfsgeschäfte oder erwerbswirtschaftliche Betätigung einer Befugnisnorm bedarf, bleibt für die POSTBANK in jedem Fall die Notwendigkeit einer verfassungsrechtlich oder einfachgesetzlich vorgezeichneten Befugnis, denn sie wird im Wege des Verwaltungsprivatrechts in ihrem Aufgabenkreis als staatliche Verwaltung tätig.

Ein „Titel“ zur Tätigkeit ist für sie also notwendig. Da sie aber ohne Zwangsmittel handelt, reicht die in Art. 87 I GG mitenthaltene Aufgabennorm als verfassungsrechtliche Zuweisung einer staatlich zu erfüllenden Funktion zur Legitimierung regelmäßig aus. Es genügt also die in der Kompetenznorm der Verfassung mitenthaltene Aufgabennorm. Ein Gesetz darf sie nachzeichnen, detaillieren oder Randfragen klären; es ist aber nicht für ihr Handeln unerläßliche Vorbedingung.

Erst wenn Grundrechte Dritter berührt werden, wird das Abstellen auf die konkludente Aufgabenzuweisung in der Verfassung fraglich. Daß ein gezielter Grundrechtseingriff mit hoheitlichen Zwangsmitteln einer besonderen gesetzlichen Vorgabe über das in der Verfassung bloß als Rahmen Angelegte notwendig macht, wird aus der Systematik der Grundrechte und des darin enthaltenen jeweiligen grundrechtlichen Gesetzesvorbehalts belegt. Da die POSTBANK aber weder Monopolbereiche beansprucht noch mit rechtlichen Ver- oder Geboten ihre Konkurrenten und deren Grundrechte bedrängt, sondern nur als Mitbewerber

---

[267] Z.B. BVerfGE 68, S. 1, 108 f.; 64, S. 208, 214; 33, S. 125, 157 ff.

ökonomisch oder mit zivilrechtlichen Mitteln am Markt agiert, ist die in Art. 87 I GG mitenthaltene Aufgabennorm regelmäßig ausreichend.

Erst wenn eine faktische Grundrechtsbeeinträchtigung der Konkurrenten wegen der besonderen Formen oder Wirkungen der postalischen Wettbewerbsakte hervorgerufen würde, müßte eine gesetzliche Befugnis vorhanden sein (grundrechtlicher Gesetzesvorbehalt)[268]. Des weiteren wäre eine einfachgesetzliche Grundlage zu fordern, wenn die POSTBANK in einer Weise oder einem Umfang neue Gebiete oder Märkte erobern würde, daß eine Leitentscheidung des Parlaments unter dem Gesichtspunkt der Wesentlichkeitslehre notwendig würde (allgemeiner Vorbehalt des Gesetzes); allein die Aufnahme neuer Geschäftsarten oder -formen im Rahmen ihres verfassungsrechtlichen Funktions- und Aufgabenbereichs ohne konkrete Grundrechtsbeeinträchtigung bedarf aber keines Gesetzes.

II. Wirkung der Aufgabennorm des Art. 87 I GG auf die Grundrechte hinsichtlich des herkömmlichen Bestandes an POSTBANK-Leistungen

Geht man mit der hier vertretenen Ansicht davon aus, daß die in Art. 87 I GG mitenthaltene Aufgabennorm der Bundespost zumindest den Bestand an herkömmlichen Geschäftsarten und -formen zuweist, den sie zur Zeit des Erlasses des Grundgesetzes hatte[269], so erstreckt sich das auf alle damaligen Bundesposttätigkeiten, seien sie auch heute eventuell als Haupt- oder Nebenfunktionen zu apostrophieren. Diese in einem festen Kanon belegbaren Tätigkeiten sind von Art. 87 I GG verfassungsrechtlich in der Weise legitimiert worden, daß die Grundrechte solchen Tätigkeiten der POSTBANK nicht mehr entgegenstehen können[270], denn der Verfassungsgeber hat selbst diese staatliche Konkurrenz in grundrechtlich geschützten Freiheitsbereichen nicht nur geduldet, sondern sogar angeordnet[271]. Solche traditionellen Geschäftstätigkeiten genießen Bestandsschutz, selbst wenn die Grundrechte ihre Neuerrichtung heutzutage verbieten oder begrenzen würden[272].

---

[268] Z.B. BVerfGE 64, S. 261, 268.

[269] So z.B. auch *Schricker*, Wettbewerb, S. 35, 38 f.

[270] *Ossenbühl*, Wirkungskreis, S. 74.

[271] Das wird sogar im Monopolbereich angenommen; BVerfGE 41, S. 205, 218.

[272] Für einen ähnlichen Fall BSGE 63, S. 173, 179 f.

Die Beständigkeit dieser Tätigkeiten auch gegenüber den Grundrechten beruht auf der Überlegung, daß Art. 87 I GG und die Grundrechte Bestandteile desselben, einheitlichen und vor allem gleichrangigen Normkomplexes, nämlich der Verfassung, sind, und nicht in einer von der Systematik des Grundgesetzes nicht gedeckten Weise durch später postulierte Rangordnungen innerhalb des Grundgesetzes gegeneinander ausgespielt werden dürfen[273]. Würde man die Zulässigkeit solcher POSTBANK-Tätigkeiten unter Berufung auf die Freiheitsrechte Privater bestreiten, so würde man staatsorganisationsrechtliche Kompetenzen und Aufgaben, die von der Verfassung selbst vorgesehen sind, letztlich durch Grundrechtsinterpretation wieder zurückholen.

Dieses Mitbedenken staatlicher Tätigkeit in beruflich und wirtschaftlich für Private geschützten Bereichen durch den Verfassungsgeber und die daraus folgende grundsätzliche Legitimation staatlicher Tätigkeiten in diesem Bereich rechtfertigt aber nur, daß die Post in diesen Bereichen in ihrem herkömmlichen Bestand tätig wird, denn nur bei diesen wollte der Verfassungsgeber schon damals ein Nebeneinander. Soweit sie in funktionaler Auslegung des Art. 87 I GG neue Geschäftsarten oder -formen ergreift, bietet Art. 87 I GG zwar auch die verfassungsrechtliche Legitimation aus seiner Funktionszuweisung an die Post. Sie ist aber im Gewicht schwächer, denn nur die verfassungsrechtliche Aufgabe fordert oder erlaubt ein Tätigwerden in neuen Bereichen; die Kollision mit Grundrechten oder allgemeinen Verfassungsprinzipien in diesen Bereichen konnte vom Verfassungsgeber in den Jahren 1948/49 noch nicht mitbedacht und in praktische Konkordanz gebracht, sondern muß jetzt in erneuter Abwägung von der POSTBANK „weiter"-gedacht werden. Hier muß sich die POSTBANK-Tätigkeit grundsätzlich also in erneuter Abwägung in Konkordanz mit den Grundrechten halten und einer Abwägung stellen, sobald jene von der Posttätigkeit betroffen sein können.

Ferner gibt die verfassungsrechtliche Legitimation herkömmlichen Bestandes der POSTBANK-Tätigkeiten allein eine grundsätzliche Rechtfertigung des bisherigen Bestandes; ihr konkretes Verhalten in diesen herkömmlichen Bereichen, also das „Wie" im Gegensatz zum verfassungsrechtlichen sanktionierten „Ob", ist ebenso grundrechtsgebunden wie andererseits die Grundrechte dem Einfluß des Art. 87 I GG mit seiner Gestattung staatlicher Tätigkeit ausgesetzt sind.

---

[273] Zur Einheit der Verfassung vgl. z.B. BVerfGE 69, S. 1, 54; 34, S. 165, 183; 30, S. 1, 19; 28, S. 243, 260 f.; 1, S. 14, 32 f.

III. Wirkung der Grundrechte auf Art. 87 I GG bei funktional bedingter Ausdehnung der POSTBANK-Tätigkeiten über ihren historischen Bestand hinaus

1. Erneute Abwägung bei Grundrechtsbetroffenheit

Oben wurde bereits dargelegt, daß die Aufgabennorm des Art. 87 I GG der Bundespost einen Funktions- und Aufgabenbereich gibt, der in teleologischer Auslegung erkannt und bestimmt werden kann. Der POSTBANK wird darin der Auftrag erteilt, das Sparen und den Zahlungsverkehr als Unternehmen mit den ökonomischen Mitteln des Marktes zur Daseinsvorsorge wahrzunehmen. Das gezielte und typische Kreditieren, Spekulieren oder Versichern gehört dagegen nicht zu diesen Aufgaben, es sei denn, dieses würde – in späterer Zeit und nach belegbarer Veränderung der Marktes – in den Spar- oder Giroverkehr hineinwachsen, weil der Markt nur noch in die drei anderen Gebiete übergreifende Spar- oder Giroleistungen akzeptiert. Wenn auf diese Weise neue Geschäftsformen und -arten der POSTBANK im alten Aufgabenbereich zuwachsen, ist das – wie gezeigt – durch Art. 87 I GG verfassungsrechtlich gedeckt und der POSTBANK sogar aufgetragen.

Dann stellt sich aber das Problem erneuter Abwägung mit den Grundrechten, sobald sich diese staatliche Tätigkeit im grundrechtlich geschützten Bereich bewegt, weil der Verfassungsgeber diese neuen Konstellationen in Markt und Kundenverhalten nicht voraussehen und zur Konkordanz abwägen konnte. Die funktional gedachte Aufgabennorm verpflichtet die Post, diese Funktionserfüllung grundrechtssichernd und -schonend und zugleich aufgabenoptimierend durchzuführen. Das öffnet die Diskussion zur Bestimmung des Verhältnisses zwischen Art. 87 I GG und den Grundrechten erneut.

Zuvor stellt es die Frage, ob die Grundrechte im Einzelfall jeweils betroffen sind; wenn dies der Fall sein sollte, wird ein Gesetz als Befugnisgrundlage notwendig. Die Grundrechte haben dabei in zwei Wirkungsweisen Bedeutung: zum einen als Vorgaben objektiven Rechts[274] mit dem Inhalt, daß die grundrechtlich geschützte Freiheit auch davon ausgeht, daß ihre Betätigung tatsächlich stattfinden kann und stattfindet; hiergegen würde eine neue Tätigkeit der POSTBANK aufgrund teleologischer Auslegung des Art. 87 I GG verstoßen, wenn sie die Konkurrenz Privater entweder ganz verbieten oder faktisch unmöglich machen würde.

---

[274] Dazu BVerfGE 73, S. 261, 269; 21, S. 362, 371 f.

Ferner sind die Grundrechte in ihrer klassischen Funktion des Abwehrrechts[275] zu bedenken. Diese Wirkungsweise ist gefordert, wenn die Post einzelnen Konkurrenten die Betätigung rechtlich verbieten, sie durch Rechtsakte dabei behindern oder ihre Tätigkeit faktisch beeinträchtigen würde. Die funktional legitimierte Tätigkeit der POSTBANK auf neuen Märkten ist damit grundsätzlich grundrechtsrelevant, auch wenn sie noch nicht das Stadium der Grundrechtsbeeinträchtigung erreicht und dafür ein Gesetz benötigt. Das bedeutet zugleich, daß die allgemeinen Verfassungsprinzipien Eingang in die Abwägung zwischen Aufgaben- und Grundrechtsnorm finden.

Bei Sichtung der in erster Linie einschlägigen Verfassungsnormen ergibt sich, daß neben Art. 87 I GG von den Grundrechten die Art. 2 I, 12 I und 14 GG, unter den Verfassungsprinzipien vor allem der Grundsatz der Verhältnismäßigkeit und der Zumutbarkeit, der allgemeine Vorbehalt des Gesetzes sowie der Zwang zur Legitimierung jeglicher Staatstätigkeit durch einen öffentlichen Zweck zu beachten sind (der sich hier wohl eher aus dem rechtsstaatlichen Sachlichkeitsgebot als aus dem Gleichheitssatz ergibt). Alle Verfassungsvorgaben sind miteinander in Einklang zu bringen.

2. Grundsätzliche Wertungsmomente im Verhältnis des Art. 87 I GG zu den Grundrechten aus Art. 14, 12 I und 2 I GG

a) Alleinige Möglichkeit faktischer Grundrechtsbeeinträchtigung

Die funktional orientierte, weiter ausgreifende Tätigkeit der POSTBANK hält sich immer außerhalb des Monopolbereichs der Post. Die verfassungsrechtlich besonders intrikate, weil private Grundrechtstätigkeit im Monopolbereich ausschaltende Errichtung oder Erweiterung von Ausschließlichkeitsrechten der Post und die dazu in Rechtsprechung und Literatur zahlreich angestellten Erwägungen können deshalb hier außer Betracht bleiben. Die POSTBANK agiert in diesen Bereichen ferner ohne Ge- oder Verbote, also ohne jeglichen hoheitlichen Rechtsbefehl an ihre Konkurrenten; sie beschränkt sich auf zivilrechtliche Rechtshandlungen zur ökonomischen Markttätigkeit, die vom Konkurrenten ebenso wahrgenommen werden können. Gezielte rechtliche Eingriffe in Grundrechtsbereiche sind damit auszuschließen. Es bleibt allein die

---

[275] Dazu z.B. BVerfGE 68, S. 193, 205; 7, S. 198, 204 f.

Möglichkeit faktischer Beeinträchtigung durch Konkurrenz[276]. Sie kann einen Grundrechtseingriff darstellen, wenn mit Hilfe fiskalischer oder sonstiger nichthoheitlicher Staatsmacht einzelne private Konkurrenten gezielt aus dem Markt gedrängt werden sollen oder durch ungezielte, nicht individualorientierte Geschäftsmaßnahmen die Grundrechtsbetätigung praktisch unmöglich gemacht wird. Erst dann würde ein besonderes Gesetz neben der Aufgabennorm des Art. 87 I GG notwendig.

b) Grundrechte auf Marktzugang, nicht auf Marktanteil

Die Möglichkeit solch faktischer Grundrechtsbeeinträchtigungen durch POSTBANK-Tätigkeiten ist äußerst gering. Die POSTBANK übt Wettbewerbstätigkeiten am Markt aus. Die privaten Freiheiten der Art. 14, 12 und 2 GG sind ebenso auf Wettbewerb und Markt ausgerichtet. Ein Grundrechtsträger hat kein subjektives Recht auf einen bestimmten Zustand des Marktes oder einen Marktanteil[277], sondern nur ein Recht auf Zugang und Teilnahme. Da die POSTBANK ebenfalls an diesem Markt nur teilnimmt, wird sie, solange diese Teilnahme nicht eine Verdrängungsgröße erreicht oder unter zweckwidrigem Einsatz öffentlicher Mittel geführt wird, das Recht der anderen Wettbewerber nicht streitig machen, allenfalls deren Chance auf Marktgewinn mindern. Diese ist aber nicht von den Schutzbereichen der genannten Grundrechte umfaßt[278]. Letztlich sind also die Grundrechte meist nicht betroffen, weil die bloße Chance gar nicht geschützt wird.

Erst wenn mit staatlichen (vor allem Finanz-) Mitteln die POSTBANK private Konkurrenten aus dem Markt drängen würde, wäre das Grundrecht betroffen. Da sie ab 1996 eine „Ablieferung" in einer Höhe an den Bund zahlen wird, die der als eigenständiges Unternehmen geschuldeten Steuerbelastung entspricht, ist nicht zu befürchten, daß der Einsatz staatlicher Finanzmacht zur Verdrängung führt[279]. Das soll ferner regelmäßig von § 37 IV PostVerfG ausgeschlossen werden, dessen Instrumentarium Wettbewerbsbeeinträchtigungen verhindern soll, die aus Monopolgewinnen der Post finanziert werden. Hier stellt sich aber eher

---

[276] Vgl. BVerfGE 46, S. 120, 137; *Ehlers*, Verwaltung in Privatrechtsform, S. 100; *Ronellenfitsch*, in: *Isensee / Kirchhof* (Hrsg.), Handbuch des Staatsrechts III, S. 1184, 1192.

[277] BVerfGE 24, S. 236, 251.

[278] BVerwGE 39, S. 329, 336 f.; 17, S. 306, 314; NJW 1978, S. 1539, 1540.

[279] § 43 I PostVerfG.

die Frage, wie die POSTBANK in neuen Geschäftsbereichen tätig werden, statt des Problems, ob sie überhaupt tätig werden darf.

c) Gemischter Wettbewerb im Bankwesen

Des weiteren bewegt sich die POSTBANK in einem Markt, der von einem gemischten Wettbewerb geprägt ist. Im Bereich des Spar- und Giralverkehrs tummeln sich nämlich nicht lediglich private Unternehmen, die sich auf Grundrechte berufen können. Die Bundesrepublik Deutschland kennt vielmehr „ein nach privatwirtschaftlichen Grundsätzen operierendes Geschäftsbankensystem im Wettbewerb privater, genossenschaftlicher und öffentlichrechtlicher Banken“[280]. Soweit die Konkurrenten von Bund, Ländern, Kommunen oder einer ihrer Zweckverbände getragene Banken und Sparkassen sind, stehen die genannten Grundrechte der POSTBANK-Tätigkeit nicht entgegen, weil sich diese Banken wegen ihrer staatlichen Herkunft überhaupt nicht auf sie berufen können. Das gilt ebenso für privatrechtlich organisierte Banken, die dem Staat gehören. Lediglich die Privatbanken in privatem Eigentum könnten als Grundrechtsträger die Abwägung des Art. 87 I GG mit den genannten Grundrechten verlangen.

Da der Bankenwettbewerb von der Beteiligung öffentlichrechtlicher Banken wesentlich geprägt ist, entfällt für die Abwägung nicht nur ein Quantitätsargument, daß nämlich nur ein Teil der Konkurrenten Grundrechtsträger sind; es wird vielmehr auch für die Wertung bei der Abwägung zu den Grundrechten der Privatbanken bedeutsam, daß sich deren Grundrechtsbetätigung schon immer in einem von staatlicher und privater Konkurrenz geprägten Wettbewerb abgespielt hat. Der Markt ist davon bereits gekennzeichnet gewesen und wurde nie ausschließlich privat bedient; die Marktteilnahme, die dem Privaten im Grundrecht garantiert wird, erstreckt sich (außerhalb der Frage zulässiger POSTBANK-Tätigkeiten) von vornherein auf einen gemischten staatlich-privaten Wettbewerb.

---

[280] So gesetzlich nunmehr ausdrücklich bestätigt in Art. 10 IV 2 des Vertrags über die Schaffung einer Währungs-, Wirtschafts- und Sozialunion vom 18.5.1990, BGBl. II S. 537.

d) Geringe Grundrechtsgefährdung

Faktische Beeinträchtigungen von Grundrechten sind den rechtlichen Eingriffen gleichgestellt worden, weil der Staat mit tatsächlichen Mitteln Grundrechte in der gleichen Weise gefährden kann wie mit normativen Ge- und Verboten. Die tatsächliche Wirkung muß dabei das Ausmaß der Rechtswirkung eines Normativaktes erreichen. Die tatsächliche Auswirkung staatlicher Tätigkeit hängt nicht nur von der Schlagkraft des staatlichen Handelns, sondern auch von der Widerstandsfähigkeit des ihm ausgesetzten Grundrechtsträgers ab. Je schwächer dessen Verteidigungsmöglichkeiten gegen tatsächliches Staatshandeln sind, desto eher ist ein faktischer Eingriff anzunehmen[281]. Je schwächer der Grundrechtsträger, desto größer ist das Gefährdungspotential staatlicher Handlungen und desto eher liegt ein Grundrechtseingriff vor. Umgekehrt sinkt die Schwelle der Grundrechtsrelevanz faktischen Staatshandelns, wenn sie auf starke Grundrechtsinhaber trifft, die mit ihren eigenen Mitteln das Gefährdungspotential ausschalten oder vermindern können.

Das letztere ist im Bankenbereich zweifelsohne der Fall. Die POSTBANK tritt hier nicht schwachen Individuen mit unterlegenem Verwaltungspotential oder minderen Finanzmitteln gegenüber, sondern trifft auf finanzstarke und gesellschaftlich mächtige Organisationen, die ihr wirtschaftlich in etlichen Bereichen überlegen sind. Eine faktische Beeinträchtigung der Grundrechte durch die POSTBANK im Bankenwesen, die erst einträte, wenn ökonomisch das private Bankwesen ausgeschlossen oder Bankengruppen aus dem Markt gedrängt würden, dürfte deshalb kaum zu erwarten sein. Solange dieser Fall aber nicht eintritt, sind die Grundrechte nicht beschränkt; Versuche, unter Berufung auf sie neue POSTBANK-Tätigkeiten abzuwehren, würden dann nicht mehr dem Grundrechtsschutz, sondern dem Konkurrentenschutz dienen. Die Grundrechte würden dann funktionswidrig eingesetzt, denn sie sollen gerade nicht vor Konkurrenz schützen, sondern nur die Wettbewerbsteilnahme ermöglichen.

Mit dieser generellen Abwägung der verfassungsrechtlichen Positionen von POSTBANK und Privatbanken im Wettbewerb lassen sich bereits zwei abschließende Feststellungen vor Erörterung der einzelnen Grundrechte treffen: Der Grundsatz der Zumutbarkeit, der (nach Meinung des Bundesverfassungsgerichts im Zusammenhang mit dem Verhältnismäßig-

---

[281] Die „grundrechtstypische Gefährdungslage" ist sogar Kriterium für die Zuerkennung der Grundrechtsträgerschaft; BVerfGE 61, S. 82, 105; 45, S. 63, 79.

keitsgrundsatz[282]) eine übermäßige Belastung von Grundrechtsinhabern verbietet, kann durch neue POSTBANK-Tätigkeiten in diesen Fallkonstellationen nicht betroffen sein, denn Wettbewerb gegenüber finanzstarken Privatbanken in den Sparten des Giro- und Sparverkehrs ist stets zumutbar; das Bankwesen lebt vom Wettbewerb, wird nicht durch Hinzutreten eines weiteren Konkurrenten oder Ausdehnung dessen Tätigkeit unzumutbar belastet.

Der grundrechtliche Gesetzesvorbehalt kann nur in Extremfällen postalischer Tätigkeit ausgelöst werden, weil die Grundrechte konkurrierender Banken regelmäßig nicht betroffen sind und eine – freilich auch in Konkordanz mit den Grundrechten zu führende – Verschiebung postalischer Tätigkeiten von der Aufgabennorm des Art. 87 I GG legitimiert wird.

IV. Einzelne Grundrechte

1. Eigentumsgrundrecht (Art. 14 GG)

Das Eigentum wird in Art. 14 I GG verfassungsrechtlich geschützt; zugleich wird der Gesetzgeber zur Ausgestaltung befugt[283]. Eigentum in Sinne dieses Verfassungsartikels sind subjektive vermögenswerte Rechte Privater[284]. Marktchancen und Verdienstmöglichkeiten zählen nicht dazu[285]. Eine erweiterte POSTBANK-Tätigkeit würde allenfalls Marktchancen der Privatbanken verringern. Insoweit ist das Grundrecht überhaupt nicht betroffen[286]. Sofern man den Schutz des eingerichteten und ausgeübten Gewerbebetriebs als Schutzgut dem Art. 14 GG zuordnen würde[287], wäre über die subjektiven Rechte, die einer Firma zustehen, hinaus noch der Kundenstamm und der Gewerbebetrieb als funktionie-

---

282 Z.B. BVerfG, NJW 1985, S. 121, 123; DVBl. 1985, S. 340, 341; dagegen zu Recht *Ossenbühl*, in: FS Gesellschaft für Rechtspolitik, S. 315, 327.

283 Z.B. BVerfGE 76, S. 220, 238; 68, S. 361, 367 f.; 58, S. 300, 330 ff.; 50, S. 290, 340; BSGE 60, S. 158, 162.

284 BVerfGE 70, S. 115, 122; S. 191, 199; 58, S. 300, 323; NJW 1986, S. 2561, 2562 f.

285 BVerfGE 74, S. 129, 148; 31, S. 8, 32; 45, S. 272, 296; 51, S. 193, 333; DVBl. 1986, S. 342, 346; BGHZ 98, S. 341, 350 f.; BGH, DÖV 1985, S. 23, 26; BVerwG, DÖV 1983, S. 342, 343.

286 Der Schutz des Erwerbens obliegt Art. 12 I GG; BVerfGE 65, S. 237, 248.

287 Unentschieden BVerfGE 51, S. 193, 222 f.; DVBl. 1986, S. 342, 346; bejahend BGHZ 98, S. 341, 351 f.

render Organismus erfaßt. Dieser würde aber von einer erweiterten POSTBANK-Tätigkeit nicht betroffen, weil die Bank nur zum Wettbewerb hinzutritt, innerhalb der Organisation der Wettbewerber nichts ändert und bezüglich des Kundenstamms allein mit Mitteln des Marktes auf die Motivation des Kunden einwirkt.

2. Grundrecht der Berufsfreiheit (Art. 12 I GG)

a) Grundrechtsbetroffenheit?

Für private Banken gibt das Grundrecht der Berufsfreiheit i.V.m. Art. 19 III GG ein Recht auf Gründen und Führen eines Unternehmens[288]. Eine erweiterte POSTBANK-Tätigkeit würde dieses Recht weder bestreiten noch aus den oben generell angeführten Erwägungen die Bewegungsfreiheit privater Konkurrenten nennenswert beschneiden. Mangels Monopolbeanspruchung und wegen des Fehlens des Einsatzes hoheitlicher Ge- und Verbote käme nur eine faktische Beeinträchtigung in Betracht. Diese ist zwar grundsätzlich schon durch Teilnahme des Staates am Wettbewerb möglich[289]. Der Gesetzgeber und die Verwaltung haben bei der Zulassung staatlicher Konkurrenz nach der Rechtsprechung des Bundesverfassungsgerichts jedoch einen großen Spielraum[290]; insbesondere ist auch die Verwaltung nach gesetzlicher Aufgabenübertragung befugt, die aufgetragene Staatstätigkeit funktionsadäquat in ihren einzelnen Arten und Formen eigenständig zu bestimmen.

Eine faktische Beeinträchtigung ist bei diesem Grundrecht erst anzunehmen, wenn das Verhalten des Staates in engem Zusammenhang mit der Berufsausübung steht und eine objektiv berufsregelnde Tendenz entfaltet[291]. Das dürfte erst im Extremfall eintreten, weil Art. 12 I GG zum einen den Wettbewerb zwischen seinen Inhabern voraussetzt und weil das Grundrecht wegen des von jeher gemischtwirtschaftlichen Bankensystems in seinem Schutzbereich von einem historisch gewachsenen Wettbewerb zwischen Privaten und Staat ausgehen muß. Von einer Teil-

---

[288] BVerfGE 50, S. 290, 363.

[289] So BGHZ 82, S. 375, 390 ff.

[290] BVerfGE 46, S. 120, 145; *v. Mangoldt/Klein*, Das Bonner Grundgesetz, Band III, Anm. III 5 d cc zu Art. 87; *Lerche/Graf von Pestalozza*, Die Deutsche Bundespost als Wettbewerber, S. 36 f., 50, 56, 58. Vgl. ferner *Ehlers*, Verwaltung in Privatrechtsform, S. 103.

[291] Z.B. BVerwGE 75, S. 109, 115; 71, S. 183, 191; NVwZ 1987, S. 315, 316.

nahme am Wettbewerb im Rahmen üblicher Konkurrenz mit marktkonformen Mitteln des Bankwesens kann kaum eine berufsregelnde Wirkung der staatlichen Tätigkeit auf die privaten Unternehmen behauptet werden[292].

Ferner darf der Staat nicht mit faktischen Mitteln herkömmlich gewachsene Berufe ausschalten; das wird angenommen, wenn infolge der Staatstätigkeit die berufliche Tätigkeit aus ökonomischen Gründen allgemein unmöglich wird[293]. Auf eine besondere Betroffenheit einzelner Grundrechtsträger infolge schlechter Marktposition o.ä. kommt es dabei nicht an. Bei der wirtschaftlich mächtigen Konkurrenz der Privatbanken ist durch Ausweitung der Tätigkeit der POSTBANK keinesfalls zu befürchten, sie würde das private Bankwesen in einem ökonomisch geführten Marktkampf vereinnahmen. Zudem entstünden eventuelle Wettbewerbsverluste der privaten Banken nicht unmittelbar durch die staatliche Tätigkeit, sondern erst durch das Kundenverhalten. Die unternehmerische Berufsfreiheit, also das Recht, sich im Markt als Wettbewerber frei zu betätigen, wird durch Hinzutreten eines Wettbewerbers nicht betroffen. Ein Gesetz für Tätigkeitsänderungen der POSTBANK ist insoweit nicht notwendig.

b) Zulässige Berufsausübungsregelung

Sollte man der Ansicht sein, hier läge eine faktische Beeinträchtigung solchen Ausmaßes vor, daß sie einer rechtlichen Regelung gleichzuachten wäre, so könnte es sich nur um eine Regelung der Berufsausübung handeln. Diese ist nach der mittlerweile kanonisierten, dreistufigen Ausprägung des Verhältnismäßigkeitsgrundsatzes[294] des Bundesverfassungsgerichts bei vernünftigen Erwägungen des Gemeinwohls[295] auf gesetzlicher Grundlage zulässig. Hier bedürfte es also eines formellen Gesetzes. Das Postverfassungs- und das Postgesetz erfüllen die Anforderungen an einen formellgesetzlichen Auftrag, wenn § 1 II PostVerfG mit dem Namen „POSTBANK“ Aufgaben vorzeichnet, § 4 I 1 PostVerfG ihr den förmlichen Auftrag zur Besorgung von „POSTBANK-Diensten“ erteilt, auch wenn beide Bestimmungen vom Wort her nicht auf die bisherigen

---

[292] BVerwGE 71, S. 183, 193.

[293] Z.B. BGHZ 82, S. 375, 390.

[294] BVerfGE 81, S. 156, 188 f.

[295] Z.B. BVerfGE 46, S. 120, 145. So auch die Literatur; z.B. *Ronellenfitsch*, in: *Isensee / Kirchhof* (Hrsg.), Handbuch des Staatsrechts III, S. 1184, 1193.

Giro- und Sparkassentätigkeiten abheben, denn in etlichen Vorschriften des Postgesetzes werden die näheren Regelungen für Postgiro- und Postsparkassendienst getroffen[296]. Einer detaillierteren Gesetzesgrundlage zur unternehmerischen Daseinsvorsorge im Giro- und Sparkassenverkehr für Marktreaktionen bedarf es im Hinblick auf Art. 12 I GG nicht, weil die Post diesen Auftrag grundrechtsschonend mit zivilrechtlichen und marktkonformen Mitteln erfüllt und auch die Verwaltung bei dieser Tätigkeitsbestimmung einen weiten Spielraum der Beurteilung und Gestaltung hat[297]. Die genannten Rechtsregeln würden auch als formelle Ermächtigung für den Marktzugang in diesen beiden Sparten des Bankwesens genügen, die in der Literatur teilweise gefordert wird[298]. Der preislich mäßigende Einfluß des Staates durch die POSTBANK auf das Bankenwesen, die Errichtung eines bundeseinheitlichen Giralnetzes als Reserveinfrastuktur der Wirtschaft und die Bereitstellung billiger, standardisierter Angebote des Sparens und des Zahlungsverkehrs sind vernünftige Erwägungen des Gemeinwohls, die eine Regelung der Berufsausübung sachlich rechtfertigen würden. Besonders fällt hier ins Gewicht, daß die Funktion der POSTBANK bereits in der Verfassungsnorm des Art. 87 I GG vorgesehen ist und daß es bei den hier untersuchten Verschiebungen ihrer Tätigkeitsfelder nur um Reaktionen auf Kundenverhalten und Markt zur Weiterführung dieser Aufgabe geht.

3. Vertrags- und Wettbewerbsfreiheit (Art. 2 I GG)

Die allgemeine Handlungsfreiheit spielt für das hier zu erläuternde Problem neben Art. 12 und 14 GG nur noch als Vertrags- und Wettbewerbsfreiheit eine begrenzte Rolle[299]. Das Bundesverfassungsgericht fordert vom Staat, einen angemessenen Spielraum zur Entfaltung einer Unternehmerinitiative zuzulassen[300]. Nach den Ausführungen zu Art. 12 GG wird klar, daß dieser Spielraum durch Mitkonkurrenz der POSTBANK nicht betroffen ist; die Frage, inwieweit die Wettbewerbsfreiheit des Art. 2 GG neben der Unternehmerfreiheit des Art. 12 I GG

---

[296] Z.B. in §§ 1 Nr. 3 und 4, 6, 19, 20, 21 II, 23 IV PostG.

[297] BVerfGE 46, S. 120, 145.

[298] *Lerche / Graf von Pestalozza*, Die Deutsche Bundespost als Wettbewerber, S. 105 ff.

[299] Das Verhalten der Unternehmer im Wettbewerb ist primär von Art. 12 GG geschützt. BVerwGE 71, S. 183, 189.

[300] BVerfGE 65, S. 196, 210; 50, S. 290, 366; 29, S. 260, 267.

noch eine eigenständige Rolle spielt, kann deshalb dahingestellt bleiben. Die Vertragsfreiheit des Art. 2 I GG[301] ist in keiner Weise betroffen, denn die POSTBANK verbietet nicht durch Monopolansprüche u.ä. fremde Vertragsschlüsse oder Vertragsinhalte.

V. Sonstige normative Wertungsmomente

1. Wirtschaftsverfassung

Neue POSTBANK-Tätigkeiten sind nicht verfassungswidrig, weil sie eine angebliche Wirtschaftsverfassung des Grundgesetzes verändern würden. Wie das Bundesverfassungsgericht in ständiger Rechtsprechung betont, gibt es keine feste Wirtschaftsverfassung des Grundgesetzes. Dieses ist offen für verschiedene Wirtschaftsformen[302]. Die staatliche Betätigung in der Wirtschaft ist an den konkreten Normen des Grundgesetzes, hier den Grundrechten und den allgemeinen Verfassungsprinzipien, zu messen. Ein diese Bestimmungen überhöhende Wirtschaftsverfassung aus weitergehenden Wirtschaftsprinzipien existiert nicht.

2. Subsidiaritätsgrundsatz

Die Änderung der Geschäftsarten und -formen der POSTBANK verstößt nicht gegen einen verfassungsrechtlichen, allgemeinen Subsidiaritätsgrundsatz. Das Grundgesetz kennt keinen flächendeckenden, allumfassenden Grundsatz der Subsidiarität staatlichen Handelns zu privater Tätigkeit[303]. In den Grundrechten wird privater Tätigkeit auf einzelnen Bereichen vielleicht der Vorrang gegeben. Im Grundsatz der Erforderlichkeit scheint ein Subsidiaritätsgrundsatz in der Weise auf, daß der Staat nur notwendige Handlungen vornehmen darf. Das bedeutet aber, daß er nach seinem Einschätzungsermessen im Rahmen des Sachlichen

---

[301] Vgl. dazu BVerfGE 74, S. 129, 152; 73, S. 261, 270; 65, S. 196, 210; BVerwGE 17, S. 306, 309.

[302] Z.B. BVerfGE 50, S. 290, 336 ff.; 39, S. 329, 336; 17, S. 306, 308; 14, S. 263, 275; 4, S. 1, 18 f.; Kammerentscheidung NJW 1987, S. 1397. S. auch *Badura*, Das Verwaltungsmonopol, S. 318 ff.; *Gramlich*, BB 1990, S. 1493, 1498; *Ossenbühl*, Wirkungskreis, S. 103.

[303] BVerfGE 23, S. 304, 306 f. und 338, offengelassen in BVerfGE 58, S. 233, 253; *Ehlers*, Verwaltung in Privatrechtsform, S. 98; *Stern*, Staatsrecht II, S. 743; *Ossenbühl*, Wirkungskreis, S. 102 f.

und Vertretbaren Tätigkeiten zu Staatsaufgaben erklären kann, wenn er sie für notwendig hält, begründet keinen echten Subsidiaritätsgrundsatz in dem Sinne, daß der Staat generell nichts tun darf, was vom Privaten ebenso gut erledigt werden kann.

3. Allgemeine Normen des Grundgesetzes

Als Merkposten genereller Art, ohne ausdrückliche Ausrichtung auf die POSTBANK-Tätigkeit und freilich auch ohne spezielle Aussagekraft über einzelne neue Geschäftsarten und -formen der POSTBANK sind noch zu nennen das Sozialstaatsprinzip, die Anerkennung von Bundesbetrieben und Sondervermögen, die sich am Markt betätigen und Gewinne erzielen, in Art. 110 I GG sowie die Verpflichtung des Bundes in Art. 109 II GG, dem gesamtwirtschaftlichen Gleichgewicht Rechnung zu tragen. Die Art. 109 f. GG zeigen grundsätzlich die Zulässigkeit staatlicher Marktteilnahme auf[304]; das Sozialstaatsprinzip kann in Einzelfällen Zielvorgabe zur einfachgesetzlich legitimierten Drosselung privater Konkurrenz oder Bildung sozial ermäßigter Preise zu Lasten privaten Gewinns sein; Art. 110 I GG belegt die grundsätzliche Zulassung eigenwirtschaftlichen Handelns von Bundesorganisationen im Wettbewerb. Mit den genannten Normen wird aber nur Generelles ausgesagt, nicht konkrete POSTBANK-Tätigkeit für gerechtfertigt erklärt. Im Einzelfall können sie aber die rechtliche Bewertung beeinflussen.

4. Rolle des Art. 15 GG

Die in Art. 15 GG vorgesehene Möglichkeit, u.a. Produktionsmittel zum Zwecke der Vergesellschaftung in Gemeineigentum oder in andere Formen der Gemeinwirtschaft zu überführen, gibt auf der Gegenseite keinen Titel für die Post, Art. 14, 12 und 2 GG zu überspielen und ihre Tätigkeit auszudehnen. Zum einen ist fraglich, ob zu den „Produktionsmitteln" auch das Bankwesen oder nur das produzierende Gewerbe gehören[305]. Zum zweiten ist Art. 15 GG eine Befugnis zur Umgestaltung und Beseitigung freier Wirtschaft und ihrer Überführung in die Gemeinschaftwirtschaft in einigen Bereichen mit den Mitteln des formellen Gesetzes. Es handelt sich um keine Gestattung partieller staatlicher Tätig-

---

[304] *Ehlers*, Verwaltung in Privatrechtsform, S. 89.

[305] Dazu *Huber*, Wirtschaftsverwaltungsrecht II, S. 163 ff.

keit in einem wirtschaftlich frei bestehenbleibenden Markt. Art. 15 GG würde ferner nur die Überführung in Gemeineigentum oder Gemeinwirtschaft erlauben, nicht die staatliche Marktführung durch Bundesverwaltung, d.h. durch den Staat selbst[306]. Zudem bedürfte es jeweils eines formellen Gesetzes mit Entschädigungsregelung, nicht einer auf gesetzlicher Grundlage vorgenommenen Verwaltungsentscheidung der POSTBANK. Art. 15 GG kann demnach aus den Überlegungen gänzlich ausscheiden.

VI. Allgemeiner Vorbehalt des Gesetzes

1. Herkömmliche Tätigkeiten, neue Aufgabenbereiche

Der allgemeine Vorbehalt des Gesetzes verlangt aus Gründen des Rechtsstaates, der Demokratie und der Gewaltenteilung[307] eine parlamentarische Leitentscheidung in allen wesentlichen Fragen exekutiver Tätigkeit. Die Herleitung dieses Vorbehalts, seine im Begriff des „Wesentlichen" nur mit einem ungefähren Verlegenheitsetikett erfaßten Reichweite sowie die jeweils notwendige Form der parlamentarischen Leitentscheidung sind heftig umstritten[308]. Ohne die breite Diskussion in ihrem gesamten Umfang erneut und im einzelnen aufzurollen, können für die Tätigkeit der POSTBANK folgende Feststellungen getroffen werden. Die herkömmlichen Tätigkeiten der POSTBANK finden in Art. 87 I GG und in § 1 Nrn. 3 und 4 PostG eine hinreichende parlamentarische Stütze.

Bereits die Verfassungsnorm – sie ist ebenso parlamentarische Leitentscheidung wie das Gesetz – gibt der POSTBANK mit hinreichender Deutlichkeit den Auftrag, das Spar- und Girowesen in den herkömmlichen Formen zu betreiben; vor allem ist in Art. 87 I 1 GG nicht nur eine Kompetenz enthalten, die der Staat wahrnehmen kann, sondern die Zuweisung von Aufgaben, die er erfüllen muß. Art. 87 I 1 GG spricht nämlich im apodiktischen Indikativ davon, daß die Bundespost und die anderen dort erwähnten Bundeseinrichtungen als bundeseigene Verwaltung „geführt werden". Erst Satz 2 der Vorschrift geht für weitere Behörden auf ein „können ... eingerichtet werden" über. Dieser Kontrast belegt, daß die in Satz 1 genannten Behörden eingerichtet werden müs-

---

[306] A.M. *Huber*, Wirtschaftsverwaltungsrecht II, S. 169; *Ossenbühl*, Wirkungskreis, S. 102.

[307] Z.B. BVerfGE 64, S. 208, 214 f.

[308] Zur Lehre des BVerfG z.B. E 68, S. 1, 108 f.; 33, S. 125, 157 ff.

sen und ihre Aufgaben zu erfüllen haben, während in Satz 2 dem Bund die Freiheit gelassen wird, ob er überhaupt die dort erwähnten Verwaltungseinrichtungen schaffen will. Insoweit enthält diese Verfassungsvorschrift eine im Vergleich zu den anderen Grundgesetznormen unübliche, strikte Anweisung, Bankaufgaben wahrzunehmen. Die Aufgabenzuordnung ist zudem schon an eine Behörde, nämlich die Bundespost, anstatt allgemein an den Bund gerichtet. Es bedarf also keiner gesetzlichen Entscheidung mehr, von welcher Verwaltungseinrichtung des Bundes die Aufgabe zu erfüllen ist.

§ 1 Nrn. 3 und 4 PostG nimmt diese verfassungsrechtliche Entscheidung auf und bestätigt sie im einfachgesetzlichen Parlamentsakt. Die Bestimmung will nach ihrem Wortlaut zwar nur den Geltungsbereich des Postgesetzes u.a. auf „Postgirodienst" und den „Postsparkassendienst" erstrecken, geht aber – wie auch andere Normen dieses Gesetzes[309] – als selbstverständlich davon aus, daß die Post diese Dienste betreibt. Die Aufnahme der Bezeichnung POSTBANK in § 1 II PostVerfG und die Zuweisung von Postbankdiensten in § 4 I PostVerfG führen zum gleichen Ergebnis. Eine hinreichende parlamentarische Grundlage für die herkömmlichen Tätigkeiten der POSTBANK ist damit vorhanden. Die generelle Zuweisung des Postsparkassen- und des Postgirodienstes genügen, weil die Post auf zivilrechtlichem Wege und mit den Mitteln des Marktes ohne Zwang und Hoheitsakte im Bankwesen tätig wird.

Würde die POSTBANK ihre Tätigkeit auf eine weitere, neue Aufgabe erstrecken wollen, ohne daß die Funktionszuweisung an sie das bereits rechtfertigte, z.B. auf vom Postsparkassen- und Postgirodienst völlig getrennte Kredit- oder Versicherungsdienste, so würde sie über die verfassungsrechtliche Vorgabe des Art. 87 I GG hinaus Neuland betreten. Ein solches Betreuen neuer, von der Aufgabenstellung und Funktionszuweisung nicht umfaßter Bankbereiche mit neuen Märkten und Risiken bedürfte als Entscheidung über eine Grundsatzfrage postalischer Tätigkeit zumindest einer gesetzlichen Anordnung[310]. Es wäre zudem ein Bruch mit der bisherigen Tradition, die postalischen Aufgabenbereiche in § 1 PostG aufzulisten, würde plötzlich eine neue Aufgabe ohne vorherige Gesetzesdirektive wahrgenommen.

---

[309] Z.B. §§ 6, 15 und 19 PostG.

[310] BVerwGE 28, S. 36, 46 f.

2. Verschiebungen der Tätigkeiten innerhalb herkömmlicher Funktionen

Offen bleibt noch, ob die POSTBANK für ihre geplanten neuen Tätigkeiten, Geschäftsformen oder -arten einer gesetzlichen Ermächtigung bedarf, soweit sie sich innerhalb ihrer klassischen Funktion des Sparens und des Zahlungsverkehrs halten, also lediglich die historischen Aufgaben mit neuen Marktmitteln weiterführen[311]. Ob diese unter allgemeinem Gesetzesvorbehalt stehen, kann dahingestellt bleiben, denn eine hinreichend präzise Gesetzesgrundlage dafür ist bereits vorhanden. Da die neuen Tätigkeiten sich innerhalb der klassischen Funktionen bewegen, werden sie – wie oben für die herkömmlichen Tätigkeiten gezeigt – von Art. 87 I GG und den Vorschriften des Postgesetzes gestützt. Das wegen der Änderung der Geschäftsarten erforderliche zusätzliche Legitimationsmoment parlamentarischer Herkunft ist im Postverfassungsgesetz enthalten.

Die Bezeichnung als „Deutsche Bundespost POSTBANK" in § 1 II PostVerfG benennt nicht nur dieses Postunternehmen, sondern gibt ihm auch einen Bankauftrag. Der Begriff der Bank ist in der Marktwirtschaft allgemein bekannt und wird mit einer bestimmten Marktbetätigung gleichgesetzt. § 39 KWG schützt den Begriff vor Mißbrauch durch andere Organisationen, die keine Bankgeschäfte betreiben dürfen, und hält ihn normativ allein für Kreditinstitute bereit; damit wird der Begriff zum Rechtsbegriff eindeutigen Inhalts. Wenn § 1 II PostVerfG ihn aufgreift, kann er ohne Systembruch im Bankwesen nur als Beauftragung zum Betreiben von Bankgeschäften ausgelegt werden. Noch deutlicher ergibt sich dies aus § 4 I 1 PostVerfG, denn dort wird der Post die Dekkung der Nachfrage nach „Postbankleistungen" aufgegeben. Die Funktion der POSTBANK ist dort einfachgesetzlich normiert, ohne sie auf bestimmte Geschäftsarten zu beschränken; die POSTBANK soll sie mit allen branchenüblichen Mitteln wahrnehmen.

Unter „Bank"-Geschäften versteht man allerdings das gesamte Spektrum üblicher Banktätigkeiten unter Einschluß z.B. des Kredit- und Investmentgeschäfts. Für die POSTBANK ist das zu weit, denn Art. 87 I GG und das PostG umfassen nur den Giro- und Sparverkehr. Diese Begrenzung enthält jedoch das Postverfassungsgesetz ebenso; es wollte der POSTBANK keine weitergehenden Befugnisse verleihen. §§ 1 und 4 PostVerfG verwenden den Begriff der Bank nie isoliert, sondern stets mit dem Präfix „POST"-BANK. Damit wird eine Bank bestimmten

---

311 Für ein Gesetz in diesen Fällen z.B. *Rupp*, Verfassungsrechtliche Aspekte, S. 27.

Typs mit engerem Geschäftsbereich gekennzeichnet, wie es auch sonst, z.B. als Bundesbank, Kreditbank oder Hypothekenbank, geschieht. Es liegt auf der Hand, daß dadurch die Aufgabe der POSTBANK auf ihre typischen, bisher wahrgenommenen postalischen Bankfunktionen begrenzt werden sollte.

Das Postverfassungsgesetz bestimmt allerdings nicht die einzelnen Dienste, Geschäftsarten oder -formen. Für die zivilrechtlich agierende Leistungsverwaltung muß aber vom Gesetz lediglich das Verwaltungsprogramm in seinen Zielen und in einem Tätigkeitsrahmen vorgegeben werden, es bedarf nicht der präzise alle Einzelheiten normierenden Gesetze der Eingriffsverwaltung. Ein administrativer Spielraum bezüglich der konkreten Geschäftsarten ist unbedenklich, denn er darf nach den Vorbildern des Art. 80 I GG und des § 40 VwVfG nur funktionskonkretisierend und -durchsetzend ausgefüllt werden[312]. Die normative Bindung und die Grundsatzentscheidung bleiben so dem Parlament vorbehalten.

Von Bedeutung bleibt ferner, daß die früheren und die geltenden Postgesetze eine Verschiebung in den Dienstleistungsangeboten stets ins Auge gefaßt und die Entscheidung darüber gesetzlich der Postleitung anvertraut haben. Im Postverwaltungsgesetz war dafür das Verfahren des § 12 I Nr. 5 vorgesehen; heute ist dafür in der Regel der Vorstand nach §§ 15, 23 V Nr. 1 PostVerfG zuständig. Der Gesetzgeber selbst hält also einen parlamentarischen Beschluß in diesen Fällen nicht mehr für erforderlich, das Bundesverfassungsgericht hat das in seinen Urteilen, die sich mit dem Postverwaltungsgesetz befaßten, niemals beanstandet. Das kann als weiteres Indiz für die Überflüssigkeit formellgesetzlicher Enumeration neuer Dienste gelten; denn das Entscheidungsverfahren darüber und Zielvorgaben dafür sind bereits formellgesetzlich normiert.

---

[312] Zum weiten Spielraum der Verwaltung vgl. BVerfGE 46, S. 120, 145.

Zusammenfassung der Ergebnisse

I. Grundsätzliches zur rechtlichen Normierung des Aufgabenkreises der POSTBANK

1. Die POSTBANK ist ein öffentliches Unternehmen der Daseinsvorsorge, das im Markt tätig wird. Sie genießt keine Privatautonomie, sondern kann lediglich im öffentlichrechtlich vorgezeichneten Aufgabenkreis im Wege des Privatrechts zur Erfüllung der ihr rechtlich vorgegebenen Funktionen tätig werden.

2. Ihr Aufgabenkreis ergibt sich verfassungsrechtlich in erster Linie aus Art. 87 I und 73 Nr. 7 GG; deren Inhalt ist in historischer Auslegung der Normen und Fakten der zur Zeit des Erlasses des Grundgesetzes vorgefundenen Postsparkassen- und Postscheckdienste zu ermitteln. Der Gesetzgeber kann in dem so vorgezeichneten, weiten Rahmen den Aufgabenbereich der POSTBANK detaillieren. Innerhalb dieses verfassungsrechtlich und einfachgesetzlich vorgezeichneten Rahmens bleibt es der Geschäftspolitik der POSTBANK überlassen, ihre Geschäftsbereiche im Einklang mit ihrem öffentlichen Auftrag zur Daseinsvorsorge auszuwählen.

3. Die POSTBANK ist legitimiert, die in den Jahren 1948/49 betriebenen Geschäftsarten anzubieten. Sie ist ferner befugt, das Sparen und den baren und bargeldlosen Zahlungsverkehr wahrzunehmen. Sie muß ihre Leistungen bundesweit nach standardisierten Konditionen anbieten; sie unterliegt einem Kontrahierungszwang.

4. Der verfassungsrechtliche und einfachgesetzliche Auftrag zur unternehmerischen Daseinsvorsorge an die POSTBANK ist in der Weise offen, daß er die POSTBANK nicht auf historische Zahlungsverkehr- und Sparformen fixiert, sondern ihr allgemein die Tätigkeitsbereiche des Zahlungsverkehrs und des Sparens und damit die Erfüllung einer Funktion in einem sich stetig ändernden Markt aufgibt; in gleichem Maße, wie sich die beiden Felder im Bankwesen der Bundesrepublik Deutschland entwickeln, darf die POSTBANK sich in diesen Bereichen betätigen.

5. Die Märkte des Spekulierens, Kreditierens und Versicherns sind ihr verfassungsrechtlich verschlossen, es sei denn, eine empirisch nach-

weisbare Veränderung des Sparmarktes fügt Formen der drei Bankbereiche in den Sparmarkt ein.

6. Grundrechte privater Banken stehen den vorhandenen POSTBANK-Leistungen nicht entgegen. Sobald bei neuen Geschäftsformen Grundrechte beeinträchtigt werden sollten, sind sie mit den in den Art. 87 I und 73 Nr. 7 GG verankerten Befugnissen in Konkordanz zu bringen.

II. Die einzelnen Aufgabenbereiche der POSTBANK

Die POSTBANK darf sich nach den verfassungsrechtlichen und einfachgesetzlichen Vorgaben zur Zeit in folgenden Geschäftsbereichen betätigen:

1. Im Postsparkassen- und Postgirodienst bisherigen Umfangs.

2. Im Postgirodienst ist ein Überziehungsrahmen für Privatkonten zulässig, soweit es zum reibungslosen Zahlungsverkehr erforderlich ist und die Girokonten dadurch nicht zu einem typischen Kreditierungsmittel werden. Der zeitliche und finanzielle Rahmen der Überziehung ist rechtlich nicht exakt zu quantifizieren; mit zunehmender Höhe läuft er Gefahr, in die der POSTBANK untersagte, finale Kreditgewährung hineinzugeraten. In jedem Falle wäre aber ein Überziehungsrahmen in Höhe von drei Monatseingängen auf dem jeweiligen Konto und mit einer „Glattstellungs"-Pflicht von drei Monaten bei Privatkonten zulässig; anhand des Zahlungsverhaltens der Giroteilnehmer oder anderer, aus Zahlungsverkehr oder Giroverhältnis ablesbarer Umstände ist eine standardisierte Staffelung der Überziehungvolumina ohne individuelle Bonitätsprüfung möglich.

   Da bei Geschäftskonten die Gefahr kurzfristiger Kreditierung bei Gewährung eines Überziehungsrahmens größer ist, sollte ein solcher nicht eingeräumt werden; um das Funktionieren des bargeldlosen Zahlungsverkehrs bei Geschäftskonten zu gewährleisten, ist es aber zulässig und wohl auch unerläßlich, Überbuchungen für die Dauer von Stunden oder wenigen Tagen nach Maßgabe des Kontoumsatzes zu dulden, wenn der Kontoinhaber erwarten läßt, daß er das Konto sofort wieder ausgleicht. Diese Duldung von Schwankungen sollte durch „Glattstellungs-"Verpflichtungen abgesichert werden.

3. Gegen eine Vermittlung oder Eigenausgabe der Eurocard sowie der Ausgabe von kartengarantierten Euroschecks bestehen keine Bedenken, weil es sich dabei nicht um typische Kreditmittel, sondern um Bargeldersatz (z. B. „Plastikgeld") handelt.

4. Gegen die Vermittlung von Reiseschecks und den Sortendienst der Deutschen Bundespost POSTBANK ist rechtlich nichts einzuwenden.

5. Die Einlage von Termingeldern ist eine zulässige Sparform der POSTBANK.

6. Die Ausgabe von Sparbriefen, Postanleihen und Anleihen Dritter (z.B. Bundesschatzbriefen) ist zulässig, soweit es sich dabei um nach § 808 BGB verbriefte, individuelle Darlehen handelt, bei denen die Einlagesumme voll zurückgezahlt wird, die Zinsen im Voraus fixiert und die Konditionen standardisiert sind. Dies gilt auch für die Staatsanleihen im Sinne von Wertrechten. Die Vermittlung sonstiger, nach § 793 BGB verbriefter Wertpapiere zählt nur dann zum Sparen im Sinne des Postbankrechts, soweit diese Papiere festverzinslich und mit einem festen Wertbetrag versehen sind, der nach Ablauf der Ausleihefrist dem Sparer wieder zurückgezahlt wird.

   Sobald durch die Vermittlung jedoch mit dem Wert des Papieres spekuliert wird, wird das Sparen im Sinne des Postrechts verlassen. Deshalb fällt die Vermittlung von Aktien z. B. aus dem Tätigkeitsbereich der POSTBANK heraus. Die Vermittlung von festverzinslichen Rentenpapieren wäre zulässig; bei zu erwartenden Kurswertveränderungen eines Papiers und deshalb zu erwartenden Spekulationen mit diesem Papier muß sich der Tätigkeitsbereich der POSTBANK auf die Erstemission beschränken, um eine Beteiligung an Spekulationsgeschäften, die außerhalb des Sparbereichs läge, auszuschalten.

7. Das Investmentsparen gehört heute in der Regel noch nicht zu den üblichen Anlageformen des Sparens, sondern des Spekulierens; deshalb ist die Ausgabe von Investmentzertifikaten zur Zeit der POSTBANK verwehrt. Es ist aber angesichts der rasanten Entwicklung des Sparverhaltens und des Sparmarktes möglich, daß der Erwerb von Investmentzertifikaten in den Bereich des Sparens hineinwächst; dann wäre auch dieser Geschäftsbereich der POSTBANK zugänglich. Dabei wird es maßgeblich unter anderem darauf ankommen, ob und inwieweit das Investmentzertifikat die Rückzahlung der Einlage garantieren und Spekulationen mit dem Wert des Papieres vermeiden kann.

   Ein Einstieg der POSTBANK in das Investmentgeschäft wäre am ehesten mit Papieren möglich, die von Fonds aus festverzinslichen Rentenpapieren ohne Kursrisiko oder mit zusätzlicher Kursgarantie ausgegeben werden. Je mehr sich ein Investmentfond mit Spekulationen (z.B. Aktien) befaßt, desto mehr entfernt er sich vom herkömmlichen Sparbegriff.

8. Zur Zeit noch weiter vom Sparbegriff getrennt ist das Versicherungsgeschäft. Da es historisch in der Ausformung der Verträge, in der Organisation der Anbieter und der Aufsicht vom Bankengeschäft deutlich getrennt war, ist es zur Zeit der POSTBANK verschlossen. Erst wenn die privaten Banken mit den privaten Versicherungen in einer Weise zu „Allfinanz"-Instituten fusionieren oder zusammenarbeiten, daß der Anleger andere Sparformen ohne Verbindung mit Kapitalversicherungen nicht mehr akzeptiert, oder wenn Kapitallebensversicherungen allgemein als Formen des Sparens üblich werden, wächst der POSTBANK dieser Geschäftsbereich zu.

   Zulässig ist bereits heute eine mit anderen Leistungen des Postsparkassen- oder Postgirodienstes angebotene Versicherung, die innerhalb eines einheitlichen Vertrags lediglich die Funktion entfaltet, die andere POSTBANK-Leistung zu sichern, oder die für sie geschäftsübliche, vom Kunden als selbstverständlich vorausgesetzte Nebenleistung darstellt („Begleitpaket"). So ist z.B. gegen eine Lebensversicherung mit dem Ziel, nach dem Tod eines Ratensparers die künftigen Raten weiter zu bezahlen (Versicherungssparen), oder gegen branchenübliche Reiseversicherungen im Rahmen der Eurocard nichts einzuwenden. Ohne Änderung der tatsächlichen Verhältnisse kann aber die POSTBANK zur Zeit Versicherungen anderer Risiken nicht ausführen.

9. Für die rechtliche Einordnung und Zulässigkeit der Tätigkeit der POSTBANK ist es grundsätzlich ohne Belang, ob sie ihre Finanzdienstleistungen im eigenen Namen erbringt oder für Dritte vermittelt.

Literaturverzeichnis

Achterberg, Norbert / *Püttner*, Günter (Hrsg.): Besonderes Verwaltungsrecht, Band I, 1990

Anschütz, Gerhard: Die Verfassung des Deutschen Reiches vom 11. August 1919, 3. Aufl. 1930

Anschütz, Gerhard / *Thoma*, Richard (Hrsg.): Handbuch des Deutschen Staatsrechts, Band I, 1930; Band II, 1932

Assmann, Heinz-Dieter / *Schütze*, Rolf A. (Hrsg.): Handbuch des Kapitalanlagerechts, 1990

Badura, Peter: Die Leistungsaufgabe der Deutschen Bundespost im Fernmeldewesen und das Bundesrecht, ArchPF 1981, S. 260 ff.

— Das Verwaltungsmonopol, 1963

Beck, Heinz: Gesetz über das Kreditwesen, Loseblatt, Stand Februar 1990

Braun, Heike: Hochsprung, Capital 4 / 1990

Breuer, Rolf-E.: Deutsche Wertpapierfonds im Europäischen Wettbewerb, Zeitschrift für das gesamte Kreditwesen 1990, S. 752 ff.

Delfs, Joachim (Hrsg.): Das Finanzwesen der Deutschen Bundespost, Teil I, 2. Aufl. 1984

Dembowski, Anke: Investment-Fonds-Center, Zeitschrift für das gesamte Kreditwesen 1990, S. 756 ff.

Detjen, Günther: Betriebswirtschaftslehre des Post- und Fernmeldewesens, Band II, 1985

Dittmann, Armin: Die Bundesverwaltung, 1983

Ehlers, Dirk: Verwaltung in Privatrechtsform, 1984

Eidenmüller, Alfred: Das Gesetz über das Kreditwesen und die Postbank, DÖV 1986, S. 408 ff.

— Post- und Fernmeldewesen, Loseblatt, Stand 1989

Fangmann, Helmut: Verfassungsgarantie der Bundespost, 1987

Feigenbutz, Gerhard: Die Bindungen des Post- und Fernmeldewesens an und durch das Rechtsinstitut der Gebühr, 1977

Fülster, Hans: Deutsches Reichsstaatsrecht mit Einschluß der Allgemeinen Staatslehre, 1913

Gebhard, Ludwig: Handkommentar zur Verfassung des Deutschen Reiches vom 11. August 1919, 1932

Gramlich, Ludwig: Bundesbankgesetz, Währungsgesetz, Münzgesetz, 1988

— Öffentliche Unternehmungen im Verfassungsstaat des Grundgesetzes – Anmerkung zur Privatisierungsdebatte, BB 1990, S. 1433 ff.

Großfeld, Bernhard: Deutsche Bundespost POSTBANK – Struktur und Aufgaben, 1990

Hahn, Oswald: Die Postbank, 1978

Harms, Bernhard (Hrsg.): Recht und Staat im Neuen Deutschland, Band I, 1929

Hempell, Wolfgang: Postverfassungsrecht, 1983

Herrmann, Ernst: Die Deutsche Bundespost, 1986

Hesse, Albrecht: Die Verfassungsmäßigkeit des Fernmeldemonopols der Deutschen Bundespost, 1984

Huber, Ernst Rudolf: Wirtschaftsverwaltungsrecht, Band I, 2. Aufl. 1953; Band II, 2. Aufl. 1954

Isensee, Josef: Steuerstaat als Staatsform, in: Hamburg – Deutschland – Europa. Festschrift für Hans-Peter Ipsen zum 70. Geburtstag, 1977, S. 409 ff.

Isensee, Josef / *Kirchhof*, Paul (Hrsg.): Handbuch des Staatsrechts, Band I, 1987; Band III, 1988

Jeserich, Kurt / *Pohl*, Hans / *v. Unruh*, Georg-Christoph (Hrsg.): Deutsche Verwaltungsgeschichte, Band III, 1984; Band IV, 1985, Band V, 1987

Kirchhof, Ferdinand: Gebührenflexibilität der Deutschen Bundespost, 1988

— Die Höhe der Gebühr, 1981

Kirchhof, Paul: Verwalten durch „mittelbares" Einwirken, 1977

Laband, Paul: Das Staatsrecht des Deutschen Reiches, Band I, 5. Aufl. 1909; Band III, 5. Aufl. 1913

Lecheler, Helmut: Der Verpflichtungsgehalt des Art. 87 I 1 GG – Fessel oder Richtschnur für die bundesunmittelbare Verwaltung?, NVwZ 1989, S. 834 ff.

Lerche, Peter: Fernmeldemonopol und gesetzgeberische Bewegungsfreiheit, in: FS für Klaus Obermayer zum 70. Geburtstag, 1986, S. 75 ff.

Lerche, Peter / *Graf von Pestalozza*, Christian: Die Deutsche Bundespost als Wettbewerber, 1985

von Mangoldt, Hermann / *Klein*, Friedrich: Das Bonner Grundgesetz, Band III, 1974

Maunz, Theodor / *Dürig*, Günter u.a.: Grundgesetz, Loseblatt Stand Februar 1990

Mayer, Otto: Deutsches Verwaltungsrecht, Band II, 3. Aufl. 1924

Merkel, Helmut: Das Recht der Kreditkarte in den USA, 1990

North, Gottfried: 50 Jahre Postsparkasse Deutschland, ZPF 2 / 1989, S. 41 ff.

Ossenbühl, Fritz: Bestand und Erweiterung des Wirkungskreises der Deutschen Bundespost, 1980

— Zumutbarkeit als Verfassungsmaßstab, in: FS zum 10jährigen Jubiläum der Gesellschaft für Rechtspolitik, 1984, S. 315 ff.

Poetzsch-Heffter, Fritz: Handkommentar der Reichsverfassung, 3. Aufl. 1928

Prölss, Erich R./*Schmidt*, Reimer/*Frey*, Peter: Versicherungsaufsichtsgesetz, 10. Aufl. 1989

Rittmann, Herbert: Deutsche Geldgeschichte seit 1914, 1986

Rupp, Hans Heinrich: Verfassungsrechtliche Aspekte der Postgebühren und des Wettbewerbs der Deuschen Bundespost mit den Kreditinstituten, 1971

Scherer, Joachim: Telekommunikationsrecht und Telekommunikationspolitik, 1985

Schneider, Franz: Postgiroverkehr und Zahlungsverkehr der Deutschen Bundespost – Bilanz einer Strukturveränderung, Jahrbuch der Deutschen Bundespost 1987, S. 101 ff.

Schneider, Günter: Die Postbank stellt sich vor, ZPT 3/1990, S. 4 f.

Schork, Ludwig: Gesetz über das Kreditwesen, Loseblatt, Stand 1990

Schramm, Erhard: Das verzinsliche Einlagengeschäft der Deutschen Bundespost – Wesentliche Leistungsergänzungen der neuen Postsparkassenordnung von 1986, Jahrbuch der Deutschen Bundespost 1986, S. 1 ff. (zit.: Einlagengeschäft)

Schricker, Gerhard: Wettbewerb der öffentlichen Hand im Strukturwandel, 1990

von Seydel, Max: Commentar zur Verfassungs-Urkunde für das Deutsche Reich, 2. Aufl. 1897

v. Staudinger, J.: Kommentar zum BGB, 12. Aufl., Stand 1986

Steiner, Helmut: Lebensgestaltung in Konsum und Arbeit, 1972

Stern, Klaus: Das Staatsrecht der Bundesrepublik Deutschland, Band II, 1980

Szagunn, Volkhard/*Wohlschieß*, Karl: Gesetz über das Kreditwesen, 4. Aufl. 1986

Walz, Bernd: Das Aktivgeschäft der Postbankdienste, Jahrbuch der Deutschen Bundespost 1985, S. 166 f.

Wiechert, Eckart: Das Recht des Fernmeldewesens der Bundesrepublik Deutschland – Staatliche Aufgabe und private Betätigung im Fernmeldewesen nach dem geltenden Recht, Jahrbuch des Deutschen Bundespost 1986, S. 119 ff.

Wolff, Hans J./*Bachof*, Otto/*Stober*, Rolf: Verwaltungsrecht, Band II, 5. Aufl. 1987

Zorn, Philipp: Das Staatsrecht des Deutschen Reiches, Band I, 2. Aufl. 1895; Band II, 2. Aufl. 1897

FSC
www.fsc.org
MIX
Papier | Fördert gute Waldnutzung
FSC® C083411

Kolibri 360 GmbH
Ferdinand-Jühlke-Straße 7
99095 Erfurt, Deutschland
produktsicherheit@kolibri360.de

Druck:
CPI Druckdienstleistungen GmbH
im Auftrag der
Kolibri 360 GmbH
Ferdinand-Jühlke-Str. 7
99095 Erfurt